ПОДДЕРЖКА ЭКОЛОГИЧЕСКИ ЧИСТОГО ГОРОДСКОГО ОБЩЕСТВЕННОГО ТРАНСПОРТА В КАЗАХСТАНЕ

ПРОГРАММА «ЗЕЛЕНЫХ» ИНВЕСТИЦИЙ

OECD
ЛУЧШАЯ ПОЛИТИКА ДЛЯ ЛУЧШЕЙ ЖИЗНИ

Данная работа публикуется под ответственность генерального секретаря ОЭСР. Изложенные в ней мнения и приводимая аргументация могут не отражать официальных взглядов правительств стран – членов ОЭСР.

Настоящий документ и любые содержащиеся в нем данные и карты не затрагивают статуса территорий и их суверенитета, делимитацию государственных границ и пограничных линий, а также названия территорий, городов и областей.

При цитировании просьба ссылаться на настоящую публикацию:
OECD (2018), *ПОДДЕРЖКА ЭКОЛОГИЧЕСКИ ЧИСТОГО ГОРОДСКОГО ОБЩЕСТВЕННОГО ТРАНСПОРТА В КАЗАХСТАНЕ: ПРОГРАММА «ЗЕЛЕНЫХ» ИНВЕСТИЦИЙ*, OECD Publishing, Paris.
https://doi.org/10.1787/9789264304574-ru

ISBN 978-92-64-30456-7 (печатное издание)
ISBN 978-92-64-30457-4 (PDF)

Статистические данные по Израилю предоставлены компетентными органами Израиля под их ответственность. Использование Этих данных ОЭСР не является отражением предвзятого отношения к статусу Голанских высот, Восточного Иерусалима и Израильских поселений на Западном берегу согласно нормам международного права.

Сведения об авторах фото: см. обложку © mika48/Shutterstock.com.

Исправления к публикациям ОЭСР можно найти в Интернете по адресу: *www.oecd.org/about/publishing/corrigenda.htm*.

Предисловие

В настоящем отчете представлены основные результаты и выводы проекта «Содействие «зеленому» росту и низкоуглеродному развитию: Анализ и поддержка политического диалога по ключевым элементам управления концепцией «зеленой» экономики в Казахстане» осуществляемой в рамках Программы сотрудничества ОСЭР — Казахстан и Специальной рабочей группы по реализации Программы действий по «зеленой» экономике, для которой ОСЭР выполняет функции секретариаты.

Проект имеет своей главной целью оказание содействия Министерству энергетики Казахстана в разработке программы «зеленых» инвестиций, которая будет финансироваться из государственного бюджета, с целью стимулировать спрос на «зеленые» инвестиции в стране. Инвестиционная программа направлена на сокращение загрязнения воздуха и выбросов парниковых газов в секторе общественного транспорта. Для участия в первой, пилотной, фазе инвестиционной программы были выбраны два города: Костанай и Шымкент. На следующем этапе программа будет расширена и охватит крупные городские центры в стране.

В докладе анализируется не только обширный обзор природоохранного законодательства в частности, Казахстана и Европейского союза, но также и технические регуляции в области общественного транспорта, а также имеется обширный сбор первичных и вторичных данных для Казахстане в сфере охраны окружающей среды, транспорта и общественных услуг.

Проект состоит из четырех основных этапов деятельности: (1) первоначальный аналитический этап; (2) разработка методологии расчета стоимости программы; (3) разработка программы в соответствии с передовой международной практикой; (4) подготовка аналитического отчета и обучение. Этапы (2) и (3) являляются основными для проекта так как именно они демонстрируют на практике, как использовать ограниченные государственные ресурсы для поощрения участия частного сектора в экологически чистых и социально важных проектах.

В рамках второго (2) этапа для поддержки анализа программы, была разработана компьютерная модель на базе программы Excel. Этот инструмент был назван «Оптимизация стоимости инвестиций в общественный транспорт (*OPTIC*)». Данная модель помогает в расчете и оптимизации программных расходов для инвесторов в государственном и частном секторе, расчета оптимального уровня субсидирования и уровня сокращения загрязнения воздуха, а также выбросов парниковых газов которые могут быть достигнуты в результате оществления программы. Сама модель представляет собой аналитический инструмент помогающий сделать процесс принятия решения более оптимальным и прозрачным.

В 2016 году группа по реализации проекта несколько раз посещала Казахстан, и у нее имелась возможность обсудить различные элементы инвестиционной программы с целым рядом экспертов государственных учреждений в Астане, должностными лицами в Костанае и Шымкенте, а также с экспертами из различных международных организаций, действующих в стране. Мы благодарны всем коллегам, которые нашли время для того, чтобы встретиться с нами и поделиться своими идеями и знаниями, и тем самым помогли нам точнее сформулировать и сформировать инвестиционную программу. Была проведена плодотворная дискуссия во время встречи заинтересованных сторон, состоявшаяся в Астане 13–14 декабря 2016 года. Мы благодарны участникам за их конструктивные предложения по совершенствованию анализа программ.

Проект осуществлялся под руководством Нелли Петковой при поддержке Дэвида Шимека (оба — ОЭСР). Эта работа, однако, была бы невозможной без существенного вклада по данным вопросам консультантов Рафала Станека, Дэвида Тофта (*KPC*), а так же национального эксперта Бахыт Баяновой (АО «Центр развития торговой политики» при Министерстве национальной экономики Казахстана). Мы очень признательны им за их приверженность этой работе и твердую поддержку проекта.

Особая благодарность выражается нашим коллегам из Министерства энергетики Казахстана Макпал Есмурзиной и Ольге Мельник за оказанное содействие в осуществлении проекта. Мы также хотели бы особо поблагодарить Елену Ерзакович (ПРООН), Аигул Куссалиева (МФЦА) Ербола Тохтарова и Талгата Арыстанбаева (ТОО «КазТрансГаз Онимдери») за их предметный анализ отчета и прекрасные отзывы.

Мы также благодарны Куми Китамори и Кшиштофу Михаляку (ОСЭР) за их комментарии и оказанную поддержку. Иммакулада Валенсиа и Ирине Белкахии (ОЭСР) за общую административную поддержку в работе, а Наталию Чумаченко и Лилию Кучарску за перевод отчета на русский язык. Авторы хотели бы также поблагодарить Викторию Эллиот и Петера Вогельпогеля за их помощь в редактировании и верстке текста, а также Джаннин Трэвес и Лупита Йохансон оказывали помощь в процессе оформления публикации.

Проект поддерживается ресурсами Правительства Казахстана через Министерство энергетики.

За весь внесенный вклад выражается благодарность.

Мнения, выраженные в настоящем отчете, являются мнениями авторов и не обязательно отражают позицию ОЭСР или ее государств-членов.

Оглавление

Рисунки

Таблицы

Вставки

Аббревиатуры и сокращения

АИЗМ	Астанинская инициатива «Зеленый мост»
АКАБ	Ассоциация автомобильного бизнеса Казахстана
АО	Акционерное общество
АП РК	Администрация Президента РК
БК	Бюджетный кодекс РК
БТО	Блок технического обеспечения
ВВП	Валовой внутренний продукт
ВЕКЦА	Восточная Европа, Кавказ и Центральная Азия
Гос.	Государственный
ГР	Группа по реализации
ГЧП	Государственно-частное партнерство
ГЭФ	Глобальный экологический фонд
ДКБ	Дорожная карта бизнеса
Долл. США	Доллар США (Денежная единица США)
ЕАЭС	Евразийский экономический союз
ЕБРР	Европейский банк реконструкции и развития
ЕС	Европейский союз
ЕТТ ЕАЭС	Единый таможенный тариф ЕАЭС
ЕЭК	Евразийская экономическая комиссия
ЕЭК ООН	Европейская экономическая комиссии ООН
ЕЭП	Единое экономическое пространство
ЗИЗЛХ	Землепользование, изменение землепользования и лесное хозяйство
ИЗА	Индекс загрязнения атмосферы
КЗ	Конкурс заявок
КПГ	Компримированный природный газ
КС	Конференция сторон РКИК ООН
МВФ	Международный валютный фонд
МГЭИК	Межправительственная группа экспертов по изменению климата

МИР	Министерство по инвестициям и развитию РК
МНЭ	Министерство национальной экономики РК
МСП	Малые и средние предприятия
МСЭП	Международный совет по экологически чистым перевозкам
МТК	Министерство транспорта и коммуникации РК
МФЦА	Международный финансовый центр «Астана»
МЭ	Министерство энергетики РК
МЭА	Международное энергетическое агентство
МЭЧР	Механизм экологически чистого развития
НДС	Налог на добавленную стоимость
НП	Наибольшая повторяемость
ОЭСР	Организация экономического сотрудничества и развития
ПаК	Парламент РК
ПГ	Парниковые газы (выбросы)
ПГИ	Проекты государственных инвестиций
ПДК	Предельно допустимая концентрация
ПОНУВ	Предполагаемые определяемые на национальном уровне вклады
ПрК	Правительство РК
ПРООН	Программа развития Организации Объединенных Наций
РГП	Республиканское государственное предприятие
РК	Республика Казахстан
РКИК ООН	Рамочная конвенция ООН об изменении климата
РП	Разработчик программы
РЭЦЦА	Региональный экологический центр Центральной Азии
СМИ	Средства массовой информации
СНГ	Сжиженный нефтяной газ
СНГ	Содружество Независимых Государств
СО	Совместное осуществление
СПГ	Сжиженный природный газ
СПК	Социально-предпринимательская корпорация
СПР	Среднесрочный прогноз расходов
США	Соединённые Штаты Америки
ТН ВЭД	Товарная номенклатура внешнеэкономической деятельности ЕАЭС
ТНГ	Казахстанский тенге (Денежная единица Казахстана)

ТОО	Товарищество с ограниченной ответственностью
ТР ТС	Технический регламент Таможенного союза
ТС ЕАЭС	Таможенный союз ЕАЭС
ТЧ	Твердые частицы
УВ	Углеводороды
УПЦ	Управление проектным циклом
ФРП	Фонд развития предпринимательства
ЧПС	Чистая приведенная стоимость
ЧЧ	Число частицы
ЭЧТС	Экологически чистое транспортное средство
ЮНЕП	Программа ООН по окружающей среде

Иностранные аббревиатуры

ADB	Азиатский банк развития (Asian Development Bank)
BTU	Британская тепловая единица (British thermal unit)
CAREC	Региональный экологический центр Центральной Азии (Regional Environmental Centre for Central Asia)
CI	Воспламенение от сжатия (Compression ignition)
CPT	Экологическо чистый общественный транспорт (Clean public transport)
EACU	Таможенный союз ЕАЭС (Eurasian Customs Union)
EC	Европейская комиссия (European Commission)
EEA	Европейское агентство по защите окружающий среды (European Environment Agency)
EEC	Евразийская экономическая комиссия (Eurasian Economic Commission)
EEV	Транспортное средство с улучшенной экологической чистотой (Enhanced environmentally friendly vehicle)
EMEP	Европейская программа мониторинга и оценки (European Monitoring and Evaluation Programme)
EO PoK	Администрация Президента Казахстана (Executive Office of the President of Kazakhstan)
GEF	Глобальный экологический фонд (Global Environment Facility)
GGE	Эквивалент галлона бензина (Gasoline gallon equivalent)
GoK	Правительство РК (Government of Kazakhstan)
ICCT	Международный совет по экологически чистому транспорту (International Council on Clean Transportation)

IEA	Международное энергетическое агентство (International Energy Agency)
IMF	Международный валютный фонд (International Monetary Fund)
IPCC	Межправительственная группа экспертов по изменению климата (Intergovernmental Panel on Climate Change)
JI	Совместное осуществление (Joint implementation)
KPC	Коммуналкредит Паблик Консалтинг ГмбХ (Kommunalkredit Public Consulting GmbH)
LULUCF	Землепользование, изменения в землепользовании и лесном хозяйстве (Land use, land-use change and forestry)
MID	Министерство по инвестициям и развитию РК (Ministry of Investments and Development of Kazakhstan)
MNE	Министерство национальной экономики РК (Ministry of National Economy of Kazakhstan)
MoE	Министерство энергетики РК (Ministry of Energy of Kazakhstan)
MTC	Министерство транспорта и коммуникации РК (Ministry of Transport and Communications of Kazakhstan)
NAMA	Соответствующие национальным условиям действия по предотвращению изменения климата (Nationally Appropriate Mitigations Action)
NMHC	Неметановые углеводороды (Nonmethane hydrocarbons)
NPV	Чистая приведенная стоимость (Net present value)
OECD	Организация экономического сотрудничества и развития (Organisation for Economic Co-operation and Development)
OPTIC	Оптимизация стоимости инвестиций в общественный транспорт (Optimising public transport investment costs)
PI	Принудительное зажигание (Positive ignition)
ppm	Миллионная доля (частей на миллион, parts per million)
UITP	Международный союз общественного транспорта (Union Internationale des Transport Publics)
UNDP	Программа развития Организации Объединенных Наций (United Nations Development Programme)
UNECE	Европейская экономическая комиссия Организации Объединенных Наций (United Nations Economic Commission for Europe)
UNFCCC	Рамочная конвенция ООН об изменении климата (United Nations Framework Convention on Climate Change)
WHO	Всемирная организация здравоохранения (World Health Organization)

Единицы измерения

г	Грамм
дм^3	Кубический дециметр
Ед.	Единица
кВт·ч	Киловатт-час
кг	Килограмм
км	Километр
км^2	Квадратный километр
кт	Килотонн
л	Литр
м	Метр
мг	Миллиграмм
мдж	Мегаджоуль
млдр.	Миллиард
млн.	Милионн
мПа	Мегапаскаль
м^3	Кубометр
см	Сантиметр
см^2	Квадратный сантиметр
т	Тонна
трлн.	Триллион
тыс.	Тысяча
мин	Минута
мкг	Микрограмм
мкм	Микрометр
шт.	Штука
CH_4	Метан
CO	Монооксид углерода (угарный газ)
CO_2	Диоксид углерода (углекислый газ)
kpvpd	Километров пробега в день на одну единицу автотранспорта (Kilometre per vehicle per day)
NO_x	Оксид азота
N_2O	Окись азота
SO_2	Диоксид серы

Курс обмена валют

	2010	2011	2012	2013	2014	2015	2016[a]
тенге/долл. США	147,3550	146,6208	149,1125	152,1292	179,1917	221,7283	*342,9264*
тенге/евро	195,1606	203,8226	191,5889	201,9881	237,7395	245,9115	381,0155

Источник: IMF (2016), Международная база данных финансовой статистики, Национальный Банк Республики Казахстан.

Примечание: a. среднее значение за 11 мес.

Резюме

Экономика Казахстана является одной из самых углеродоемких в мире. На долю автотранспорта приходится 88% выбросов парниковых газов (ПГ) всего транспортного сектора. Срок эксплуатации большинства транспортных средств в Казахстане превышает 10 лет. Автомобили и автобусы преимущественно работают на дизельном топливе (около 80% потребляемого топлива), (дизельные) двигатели с трудом соответствуют стандартам Евро-IV (в то время, как Европа переходит на Евро-VI). Эти структурные и технические особенности автотранспорта делает его важным фактором очень высокого загрязнения воздуха в большинстве городов Казахстана.

Правительство приняло на себя обязательство развивать энергоэффективный местный общественный транспорт. Предпологаемые Определяемые на Национальном Уровне Вклады представленные Казахстаном на Конференции сторон (КС-21) в Париже в 2015 г. имеют амбициозные планы по сокращению выбросов ПГ на 15–25% к 2030 году по сравнению с уровнем 1990 года. Казахстан также разработал ряд основных политических и законодательных рамок, которые могут способствовать развитию экологически чистого общественного транспорта. Основная политическая и нормативная база которая может содействовать развитию экологически чистого общественного транспорта конечно существует, но Казахстан по прежнему отстает в разработке современных норм выбросов как для легковых автомобилей, так и для тяжелых грузовых автомобилей и автобусов.

Изменение данной ситуации потребует значительных ресурсов, как частных, так и государственных. Однако оплаты за проезд вряд ли могут быть использованы в качестве источника финансирования. На сегодняшний день оплаты очень низкие, и составляют около 0,2 долл. США за поездку. Доступ до кредита довольно ограничен процентной ставкой от 13% до 19%. Без государственной поддержки или повышения оплат модернизация автопарка общественного транспорта по-прежнему будет проводиться с опозданием.

В 2015 году ОЭСР и Казахстан договорились объединить усилия для изучения вопроса о том, каким образом государственная инвестиционная программа может стимулировать развитие более экологически чистого общественного транспорта, а также сократить загрязнение воздуха и выбросы ПГ в секторе общественного транспорта в крупных городах стран Было решено, что основное внимание в программе будет уделяться поддержке перехода на современные автобусы, работающие на чистых видах топлива, таких как компрированный природный газ (КПГ) и сжиженный нефтяной газ (СНГ).

Анализ программы

Программа состоит из двух этапов: пилотной фазы (или Этап 1), которой охватываются города Костанай и Шымкент, и расширенной фазы (Этап 2), в которой программой будут охвачены все крупнейшие города Казахстана.

Для анализа и оценки был определен проектный портфель состоящий из трех типов проектов, которые считаются экономически эффективными и реалистичными для осуществления, в том числе в рамках регулярного бюджетного процесса. Это проекты замены старого автобусного парка в больших городах на современные автобусы, работающие на:

- компримированном природном газе (КПГ), где таковой доступен;
- сжиженном нефтяном газе (СНГ);
- дизельном топливе стандарта Евро-5 и Евро-6, но с рассмотрением импорта топлива стандарта Евро-5 (до внедрения соответствующих стандартов топлива в Казахстане).

Анализ проекта показывает, что использование КПГ и СНГ в качестве топлива для автобусов городского общественного транспорта снизит эксплуатационные расходы и приведет к экономии средств за счет снижения стоимости этих видов топлива по сравнению с дизельным топливом. В тех случаях, когда КПГ и СНГ недоступны, в качестве альтернативы также может рассматриваться улучшенное дизельное топливо в стандарте Евро-V и VI. Анализ также показал, что отечественное производство автобусов работающих на КПГ и дизельном топливе может быть очень конкурентоспособным, а также создавать дополнительные рабочие места, что является дополнительным преимуществом к замене устаревшего и изношенного автобусного парка.

Пилотная фаза программы, охватит города Костанай и Шымкент, и будет осуществлена, в течение одного года. На протяжении этого времени в г. Костанае будут заменены 200 автобусов на более современные модели, работающие на СНГ (т.е. сжиженном нефтяном газе). В Шымкенте, как предполагается, 100 автобусов будут заменены автобусами с современными двигателями, работающими на КПГ (компримированном природном газе). Общая стоимость инвестиции в первой фазе составит 9 952 млн. тенге (29 млн. долл. США).

Также были рассчитаны затраты и проведены оценки двух сценариев второй (расширенной) фазы программы.

- *По Сценарию 1* общие оцениваемые инвестиции составят 61 526 млн. тенге (179 млн. долл. США), в том числе государственное финансирование — 30 399 млн. тенге (89 млн. долл. США).
- *По Сценарию 2* общие инвестиции увеличиваются до 94 581 млн. тенге (276 млн. долл. США), а вклад государственного источника финансирования составит 46 602 млн. тенге (136 млн. долл. США).

Основное различие между этими двумя сценариями заключается в том, что согласно Сценарию 1 предусматривается финансирование только замены автобусов срок эксплуатации которых превысил 15 лет, а в рамках Сценария 2 будет финансироваться также замена автобусов со сроком эксплуатации 10 лет и более.

В том, что касается сокращения загрязнения воздуха, наиболее значительные улучшения ожидаются в отношении выбросов NO_x. В Сценарии 1 второй фазы программы выбросы NO_x, по оценкам, снизятся на 1 135 т/год, а в Сценарии 2 снижение является более значительным и оценивается в 1 723 т/год. Снижение выбросов CO_2 в Сценарии 1 оценивается в 47 829 CO_2 т/год, а в Сценарии 2 — в 68 367 CO_2 т/год.

Осуществление программы

Для осуществления программы необходимы институциональные механизмы, обеспечивающие прозрачность и экономическую эффективность принятых решений. В отчете проводится анализ нескольких возможных вариантов таких механизмов. Например, в Казахстане существует ряд учреждений, которые могли бы быть выбраны для потенциального управления программой. Однако, каким бы ни был этот выбор, исполнительный орган должен обладать определенной степенью независимости для обеспечения принятия решений отвечающих определенным правилам и критериям и соответствующих целям программы и не быть подверженным неоправданному политическому влиянию.

В Казахстане существуют потенциальные механизмы финансирования, с помощью которых, можно поддержать переход к экологически чистому общественному транспорту. Вместе с тем следует отметить, что нет необходимости полностью финансировать данную программу только за счет грантов. В силу особенности государственного сектора — в котором снижение эксплуатационных затрат может быть достигнуто путем замены старого автопарка новыми моделями и использования экологически чистого топлива — финансирование должно быть нацелено прежде всего на увеличение инвестиций, также не должны получать государственной поддержки рентабельные проекты, которые могут быть реализованы и без участия государства.

Укрепление межведомственного сотрудничества является ключом к успешному осуществлению программы. Программа также может способствовать повышению роли проблематики охраны окружающей среды и климата в рамках рассмотрения транспортной политики государства. Что же касается перехода на экологически чистый общественный транспорт, то Министерство энергетики только выиграет от более тесного сотрудничества с Министерством по инвестициям и развитию, а в особенности Транспортным комитетом. Министерство финансов и Министерство национальной экономики также могли бы поддержать эту программу и более эффективно содействовать обеспечению более низких выбросов углерода в стране.

Раздел 1

Обоснование Программы и ее основные элементы

В этом разделе представлены обоснования и основные элементы программы инвестиций в экологически чистый общественный транспорт. Кроме этого обсуждается возможность осуществления данной программы и основные вопросы связанные с ее реализацией.

Основные элементы Программы «зеленых» государственных инвестиций в Казахстане

При подготовке государственной инвестиционной программы, государственные органы должны быть уверены в том, что основные составляющие элементы программы были тщательно разработаны и приняты еще до запуска программы. В этом разделе представлены основные элементы Программы «зеленых» государственных инвестиций в Казахстане, а также приведена информация и обоснование причин, по которым проектная группа пришла именно к таким, представленным для разработки в программе решениям.

Инвестиционная программа «Экологически чистый общественный транспорт» (Clean Public Transport — *CPT*) состоит из двух этапов. Первый, пилотных Этап будет реализован в двух городах — Костанай и Шымкент, а Этап 2 будет охватывать большинство крупных городов Казахстана.

Цель программы

Какова основная цель программы?

Основное внимание в программе уделяется улучшению экологических характеристик общественного транспорта Казахстана и поощрение использования автотранспорта с низким уровнем выбросов углерода путем перехода на использование современных автобусов, работающих на экологически чистом топливе.

Как были определены основные задания программы?

Определение главных направлений программы является политическим решением. В данном случае решение было принято Министерством энергетики в ходе обсуждения вопроса с основными заинтересованными сторонами как правительственными структурами так и неправительственными организациями.

Задачи программы

Каковы основные задачи программы?

Основная задача программы — способствовать сокращению уровня загрязнения воздуха и выбросов парниковых газов (ПГ) в городах Казахстана и тем самым внести свой вклад в достижение поставленных правительством климатических и экологических целей.

Кроме того, программа призвана содействовать замене старого автобусного парка на более современные автобусы работающие на экологически чистом топливе (компримированном природном газе, сжиженном нефтяном газе, дизельном топливе стандарта Евро-V и VI). Программа направлена также на поддержку развития отечественного производства автобусов и тем самым несомненно будет способствовать социально-экономическому развитию страны.

Как были сформулированы задачи?

Задачи были определены в тесном сотрудничестве с Министерством энергетики с другими заинтересованными сторонами. С учетом программных приоритетов и целей был проведен анализ рынка для определения необходимости государственной поддержки на данном рынке, проанализировано нынешнее состояние автобусного парка (права собственности, срок эксплуатации, тип топлива) ситуацию на рынке компримированного природного газа (КПГ) и сжатого нефтяного газа (СНГ), которые планируют использовать в качестве топлива, объемы производства автобусов в стране, а также импорт автобусов, оплаты за проезд в городском транспорте и возможность совместного финансирование инвестиционных проектов.

Целевые показатели

Каковы конкретные показатели, должны быть достигнуты в рамках программы?

К конкретным целевым показателям программы, относятся:

- сокращение выбросов CO_2 в атмосферу в транспортном секторе на 1 % после завершения пилотного этапа, на 7% после завершения этапа 2 — в Сценарии 1 и на 10% после завершения этапа 2 — в Сценарии 2 (по сравнению с показателями 2015 года);
- сокращение выбросов в атмосферу загрязняющих веществ в секторе общественного транспорта (CO, NO_x, твердые частицы (ТЧ 2,5), SO_2) на 3% после завершения пилотного этапа, на 16% после завершения Этапа 2 — в Сценарии 1 и на 24% после завершения Этапа 2 — в Сценарии 2 (по сравнению с показателями 2015 года);
- увеличение доли новых автобусов (т.е. срок эксплуатации <5 лет) в городском общественном транспорте Казахстана с нынешних 39% до 43% после завершения пилотного этапа, на 60 % после завершения Этапа 2 — в Сценарии 1 и на более 70% после завершения Этапа 2 — в Сценарии 2;
- увеличение ежегодного производства современных автобусов (работающих на компримированном природном газе (КПГ), сжиженном нефтяном газе (СНГ) и Евро-VI дизельном топливе) в Казахстане на 300 машин после завершения Этапа 2 — в Сценарии 1 и на 500 машин после завершения Этапа 2 — в Сценарии 2 (по сравнению с показателями 2015 года).

Для достижения этих конкретных целей правительству Казахстана необходимо выбрать один из программных сценариев, выбрать организации осуществляющие программу и определить источники финансирования.

Как определены целевые показатели?

Для определения целевых показателей были проведены рыночные исследования подтверждающие возможность достижения поставленных целей. Используя созданную на базе программы Excel модель разработанную специально для данного проекта (названную «Оптимизация стоимости инвестиций в общественный транспорт», Optimising Public Transport Investment Costs — *OPTIC*). Был определен уровень сокращения загрязнения воздуха в результате замены старых автобусов. Данная модель помогает в расчете и оптимизации программных расходов для инвесторов в государственном и частном секторе, расчета оптимального уровня субсидирования необходимого для стимуляции рынка с учетом достижения целей, т.е. сокращения уровня загрязнения воздуха. Модель также используется для определения объема финансирования, необходимого для достижения поставленных целей, и следовательно, для определения возможности финансирования программы.

Сроки проведения программы

Каковы сроки реализации программы?

Предполагается, что Программа *CPT* экологически чистого общественного транспорта будет реализована в два этапа. Однако началу пилотного этапа программы будет предшествовать подготовительный период, в ходе которого необходимо включить программу в государственный бюджет, а также определить и подать заявку на получение дополнительных финансовых ресурсов (включая донорское финансирование) если это будет необходимо. Подготовка и пилотный этап продлится около года каждый. Второй этап продлится пять лет.

Как были определены временные рамки программы?

Решение относительно сроков реализации программы были приняты в процессе обсуждения с заинтересованными сторонами, а также после анализа опыта реализации аналогичных программ связанных с государственными инвестициями в других странах. При определении сроков учитывались также производственные мощности фирм производителей автобусов в Республике Казахстан.

Стоимость программы

Какие компоненты были включены в стоимость программы?

Пилотная фаза программы, которой будут охвачены города Костанай и Шымкент, будет осуществлена, как ожидается, в течение одного года. В течении данного времени в г. Костанай 200 автобусов будут заменены на более современные модели, работающие на СНГ. В Шымкенте, как предполагается, 100 автобусов будут заменены автобусами с современными двигателями, работающими на КПГ. Общая стоимость инвестиции в первой фазе составит 9 952 млн. тенге (29 млн. долл. США).

Были предложены и оценены два этапа программы, а также два сценария в рамках 2-го (расширенного) этапа программы. Сценарий № 1 учитывает замену 1 827 автобусов (без учета микроавтобусов), срок эксплуатации которых достигает 15 и более лет и будет стоить 179 млн. долл. США, из них 89 млн. долл. США государственное софинансирование. По Сценарию 2 будут заменены все автобусы (без учета микроавтобусов), срок эксплуатации которых достигает 10 и более лет. Это будет связано с заменой 2 783 автобусов на современные транспортные средства работающие на экологически чистым топливе. Стоимость замены составит 276 млн. долл. США из них 135 млн. долл. США государственного со-финансирования.

Как была определена стоимость программы?

С помощью модели *OPTIC,* которая была создана для планирования и, в частности, оценки затрат и экологических выгод (сокращение загрязнения воздуха и выбросов ПГ) были определены затраты на реализацию Программы *CPT* как на государственном так и на частном уровне.

Источники финансирования программы и уровень субсидий

Каковы источники финансирования программы?

Программа *CPT* финансируется за счет объединения государственных средств (государственных и/или международных) и частных фондов. Из государственного бюджета программа может финансироваться в рамках механизма среднесрочного прогноза расходов (СПР). Если это необходимо то на этапе подготовки программы, Правительство может подать заявку на дополнительное финансирование со стороны доноров.

Основными же источниками финансирования будут являться собственные финансовые ресурсы частных операторов (доходы, прибыль, коммерческие кредиты). Поскольку новые и экологически чистые автобусы стоят дороже, для совместного финансирования инвестиций необходима государственная поддержка. Для этого, стимулируя использования низкоуглеродного транспорта, Правительство может выбрать соответствующие инвестиции для совместного финансирования и предоставить субсидии.

Каким образом определяется уровень субсидирования?

Учитывая социальный характер инвестиций, модель *OPTIC* принимает во внимание тот факт, что инвестиции должны обеспечить как минимум минимальный доход для поставщиков услуг работающих в сфере общественного транспорта.

Таким образом, для определения чистой приведенной стоимости (ЧПС) инвестиций, необходимых для замены старых автобусов, была использована социальная ставка дисконтирования в размере 5%. Затем субсидия устанавливается в том объеме, при котором ЧПС равна нулю. Экономическое значение данного расчета заключается в том, что субсидия поощряет участие потенциальных бенефициаров в Программе *CPT*, не позволяя им при этом извлекать прибыль непосредственно из субсидии.

Финансовые инструменты

Какие финансовые инструменты можно использоапть для реализации программы?

Предусмотрены следующие виды финансовой поддержки:

- совместное финансирование субсидий;
- совместное финансирование вложений в основной капитал.

Как данные инструменты были выбраны

Субсидии и вложение в основной капитал — традиционные финансовые инструменты с которыми у правительства Казахстана уже имеется большой опыт работы. Кроме того предлагаемые схемы финансовой поддержки легче всего реализовать, когда значительная часть инвестиционных затрат со-финансируется из государственных источников.

Приемлемые типы проектов и бенефициары

Какие проекты могут быть профинансированны?

Основными типами проектов отвечающих требованиям, определенных в рамках программы, являются:

- Проекты направленные на замену старых автобусов на городских маршрутах, срок эксплуатации которых превышает 10 лет, на современные, экологически чистые модели работающие на дизельном топливе в стандарте Евро-VI или газовом топливе КПГ, СНГ. Поскольку автобусный парк Казахстана быстро стареет, предлагаемые проекты призваны содействовать покупки новых автобусов, а не просто модернизации автобусных двигателей.

- Прочие инвестиции (такие как проведение исследований, строительство газозаправочных станций для КПГ, создание мастерских технического обслуживания и ремонта новых автобусов, а также дополнительные инвестиции с целью улучшения качества услуг общественного транспорта) должны сопровождатся заменой старых автобусов на одну из трех экологически чистых моделей (автобусы, работающие на КПГ, СНГ или дизельные автобусы).
- Приемлемыми для финансирования в рамках данной программы являются только инвестиционные проекты (т.е., проекты, требующие капиталовложений). Группа по реализации (ГР) будет ежегодно пересматривать перечень приемлемых проектов, для актуализации типов проектов соответствующих национальными интересам в области охраны окружающей среды, климатической и энергетической политики.

Другие решения, такие как трамвайные линии, не были включены в Программы *СРТ* потому что трамвайные сети слишком малы или вообще отсутствуют, кроме как в Алматы.

Кто является бенефициаром проекта?

Следующие типы бенефициаров имеют право на получение финансовой поддержки в рамках Программы *СРТ*:

- частные компании, которые в настоящее время занимаются пассажирскими перевозками в городах;
- муниципальные компании, которые в настоящее время занимаются пассажирскими перевозками в городах;
- администрации городов — для подготовки соответствующих исследований;
- поставщики природного газа — газозаправочные станции для КПГ.

Этап реализации программы

Что необходимо для эффективного осуществления программы?

Для того, чтобы программа была эффективной, необходимо следующее:

- обеспечить стабильные и предсказуемые источники финансирования программы;
- создать институциональный механизм для управления программными расходами, необходимо также располагать достаточными ресурсами для достижения поставленных целей, квалифицированным персоналом и инструментарием для реализации программы;
- хорошо задокументировать принципы, правила, и оперативные процедуры для управления проектным циклом;
- четко определить надежные критерии оценки, отбора и финансирования инвестиционных проектов;
- четко определить правила закупок.

Что в данной области может предложить ОЭСР в своем исследовании?

Для содействия в реализации будущей программы, в исследовании были разработаны некоторые вспомогательные документы которые включают, помимо прочего:

- предложения по процедурам управления проектным циклом (УПЦ), включая критерии приемлемости, критерии оценки проектов, порядок ранжирования проектов и правила финансирования;
- предложение по трехуровневому институциональному механизму осуществления:
  - *Разработчик программы (РП)*: В целом РП отвечает за разработку программы. Роль разработчика могло бы принять на себя Министерство энергетики.
  - *Группа по реализации (ГР)*: На ГР возлагаются обязанности по разработке правил функционирования программы. ГР должна проводить консультации с блоком (блоками) технического обеспечения по вопросам разработки и применения правил функционирования программы. В качестве кандидата на роль группы реализации следует рассмотреть Международный финансовый центр «Астана» (МФЦА) для оказания услуг аутсорсинга. Другой потенциальный кандидат на ГР — АО «ФРП «Жасыл даму», а для пилотного этапа — социально-предпринимательские корпорации на местном уровне.
  - *Блок технического обеспечения (БТО)*: БТО оказывает специализированную помощь, дает рекомендации и предоставляет профессиональные знания и опыт в сфере рационального использования энергии и топлива, автобусов, работающих на КПГ и СНГ, современных дизельных автобусов, а также сокращения выбросов парниковых газов и загрязнения воздуха. Такие функции могло бы выполнять, например, Объединение юридических лиц «Казахстанская Ассоциация высокотехнологичных, энергоэффективных и инновационных компаний». Также следует рассмотреть кандидатуру Ассоциации автомобильного бизнеса Казахстана (АКАБ) в качестве некоммерческой профессиональной ассоциации официальных дилеров, импортеров, дистрибьюторов и отечественных производителей на автомобильном рынке Казахстана. В качестве БТО можно привлечь также другие организации, если это будет необходимо и целесообразно.

Какие дополнительные стратегические действия необходимо принять для облегчения реализации программы?

Ключевыми барьерами, мешающими развитию экологически чистого общественного транспорта являются:

- слабые нормы выбросов отработанных газов (дизельных) двигателей;
- слабые стандарты качества (дизельного) топлива;
- слабые стандарты технического осмотра;
- слабые ценовые сигналы поощряющие использование автобусов работающих именно на КПГ и СНГ, а не на дизельном топливе;
- слабая поддержка производителей экологически чистых автобусов.

Эти проблемы следует решить в рамках подготовки к реализации программы, что будет являться предпосылкой для ее успешного запуска и осуществления.

Необходимо уделить особое внимание на:

- *Межведомственное сотрудничество для осуществления транспортной стратегии.* Хотя опыт других проектов показал, что такое сотрудничество порой бывает сложным, привлечение других министерств, помимо Министерства энергетики, может увеличить вероятность успеха реализации транспортной программы. В частности, при участии Министерства по инвестициям и развитию (и особенно Транспортного комитета, для которого охрана окружающей среды не является приоритетом) и Министерства транспорта в Национальную транспортную стратегию следует ввести четкие экологические показатели (например связанные с качеством воздуха). Такое сотрудничество могло бы также улучшить сбор и анализ данных по городскому транспорту. В настоящее время данные собираются отдельно от каждого акимата.
- *Изменения в тарифной системе городского общественного транспорта.* Ставки оплаты за проезд должны быть разработаны таким образом, чтобы максимально обеспечить благосостояние как пассажиров так и поставщиков услуг в сфере общественного транспорта с поправкой на бюджетные ограничения и пропускную способность, о которых речь идет ниже.
- *Изменение механизма публичных торгов на предоставление транспортных услуг в центрах городов.* В настоящее время с большинством операторов общественного транспорта заключаются краткосрочные контакты. Такой подход поощряет планирование на краткосрочную перспективу среди операторов и побуждает их минимизировать капиталовложения, чтобы успеть окупить инвестиции до окончания действия контракта. Таким образом, операторы выбирают самые дешевые и старые автобусы. Изменение существующей практики заключения краткосрочных контрактов и переход на заключение среднесрочных либо долгосрочных контрактов позволит привлечь к сотрудничеству операторов, которые будут инвестировать средства в современный автопарк. Такой подход в сочетании с хорошо продуманной системой оплаты за проезд, усовершенствованием регулятивных норм и финансовой поддержкой со стороны государства с большой долей вероятности позволит модернизировать автобусный парк.
- *Поощрение энергоэффективности в общественном транспорте.* Экономия топлива и, следовательно, затрат может быть достигнуты за счет повышения эффективности эксплуатации общественного транспорта. Например, выделенные полосы для движения автобусов может уменьшить необходимость использования педали тормоза. В автошколах можно также ввести курсы экономного вождения для водителей автобусов, т.е. технику вождения, которая поможет снизить расход топлива.

Показатели результативности

Рекомендуется использовать следующие показатели для оценки:

- количество замененных автобусов, срок эксплуатации которых составил 15 и более лет (без учета микроавтобусов);
- количество замененных автобусов, срок эксплуатации которых составил 10 и более лет (без учета микроавтобусов);

- количество новых автобусов работающих на СНГ пришедших на замену старых;
- количество новых автобусов работающих на КПГ пришедших на замену старых;
- количество автобусов работающих на дизельном топливе (стандарт Евро-V и выше) пришедших на замену старых;
- количество газозаправочных КПГ станций;
- количество газозаправочных СНГ станций;
- протяженность (в км.) выделенных полос для автобусов;
- темпы сокращение выбросов CO_2 (тонн в год);
- темпы сокращение выбросов ТЧ 10 (тонн в год);
- темпы сокращение выбросов ТЧ 2,5 (тонн в год).

Обоснование инвестиционной программы

Ниже мы подытожим основные выводы сделанные в Разделах 1–7.

Во-первых, как продемонстрировал обзор нормативной базы (см. Раздел 4), существует правовая основа замены устаревших автобусных парков. В зависимости от числа автобусов на том или ином маршруте типовым договором на предоставление услуг общественного транспорта предусматривается график замены автобусов. Действующими законами и положениями также предусматривается внедрение более эффективных моделей автобусов и использование более эффективных и экологически чистых видов топлива. В настоящее время по отношению к автобуспм с бензиновыми, газовыми и дизельными двигателями действуют стандарты выбросов Евро-IV. Стандарты Евро-V в отношении автобусов с газовыми и дизельными двигателями вступят в силу с 1 января 2018 года. Кроме того, Концепцией по переходу к «зеленой» экономике и Стратегией-2050 устанавливаются целевые показатели энергоэффективности, а также предусматривается развитие энергоэффективного местного общественного транспорта, в частности, переход на использование природного газа в качестве альтернативного топлива для общественного транспорта.

Во-вторых, как показал обзор системы городского общественного транспорта (см. Раздел 3), на данный момент насчитывается 185 поставщиков услуг перевозок, в том числе четыре предприятия коммунального обслуживания остальные — частные компании. Приблизительно половина общего автобусного парка, насчитывающего 12 314 автобусов, в том числе 3 555 микроавтобусов, принадлежит поставщикам услуг перевозок, а остальные взяты в лизинг. Срок службы почти одной трети автобусов составляет 10 и более лет, и чуть более трех четвертей автобусов работают на дизельном топливе. Это показывает, что финансирование по программе должно быть адаптировано к частному сектору, или по меньшей мере к государственно-частному партнерству. Ввиду того, что замена устаревающих и неэффективных дизельных транспортных средств должна обеспечить значительный прирост эффективности, следует предусмотреть по программе необходимые финансовые стимулы для того, чтобы инвестиции осуществлялись. Нет необходимости в том, чтобы финансирование полностью осуществлялось за счет грантов в тех случаях, когда снижение эксплуатационных затрат может быть достигнуто путем замены устаревших автобусов и перехода на экологически чистые виды топлива.

В-третьих, обзор загрязнения воздуха в городах позволил выявить проблемы, связанные с твердыми частицами и прекурсорами смога в городах Казахстана. В соответствии с градацией показателя Индекс загрязнения атмосферы (ИЗА) насчитывается 14 городов с низким уровнем загрязнения, три города с повышенным загрязнением и пять городов, а именно Усть-Каменогорск, Алматы, Жезказган, Шымкент, Караганда и Темиртау, с высоким уровнем загрязнения. Замена устаревших автобусов современными автобусами, работающими на дизельном топливе или природном газе, позволит сократить загрязнение твердыми частицами, а также NO_x и SO_2 (см. Раздел 2). С загрязнением воздуха твердыми частицами связана повышенная смертность от сердечно-легочных заболеваний и рака легких. Повышенный уровень загрязнения атмосферы создает риск смертности, особенно лиц старше 65 лет. Таким образом программа также обоснована с точки зрения охраны здоровья населения.

В-четвертых, в ходе обзора экологически чистых технологий и топлива, используемых в секторе автобусного транспорта (см. Приложение А), проводился анализ технологий, применяемых на автобусах, работающих на КПГ, СНГ, дизельном топливе (с двигателями, соответствующими стандарту Евро-VI) и электроэнергии. В ходе обзора рассматривались основные аспекты каждого вида топлива, а также его преимущества и недостатки. Программа замены устаревших дизельных двигателей обоснована, на что также указывает обзор рынка КПГ и СНГ. Однако КПГ не доступен в равной степени по всей стране, и в случаях, когда КПГ использовать невозможно, следует применять СНГ. Также можно рассмотреть использование современных экологически чистых дизельных двигателей.

В-пятых, рассматривались производство и импорт автобусов (см. Глава 5) с целью понять внутренний потенциал удовлетворения потребностей в замене автобусов. В настоящее время, однако, внутренний потенциал необходимо повышать. Иностранные поставщики, в частности, китайские и российские, могут быть конкурентоспособными, и автобусы, в которых применяются экологически чистые технологии, не облагаются импортными пошлинами. Вместе с тем автобусы отечественного производства, работающие на КПГ и дизельном топливе, приобретать значительно выгоднее, что следует поощрять, с тем чтобы устаревший и изношенный отечественный автобусный парк был заменен.

Кроме того, анализ показал, что средняя цена на КПГ и СНГ почти в два раза ниже, чем средняя цена на бензин и дизельное топливо, а также, что дополнительный акцизный налог налагается как раз на последнюю группу топлив. При разработке программы следует принять следующие цены за автобус:

- автобус, работающий на КПГ (отечественной сборки): 46 млн. тенге (134 тыс. долл. США); со скидкой при размещении крупного заказа: 35 млн. тенге (103 тыс. долл. США);
- автобус, работающий на КПГ (импортный): 33–62 млн. тенге (96–181 тыс. долл. США) со скидкой: 23–30 млн. тенге (67–88 тыс. долл. США);
- автобус, работающий на СНГ: 42 млн. тенге (122 тыс. долл. США); со скидкой при размещении крупного заказа: 32 млн. тенге (94 тыс. долл. США);
- автобус, работающий на дизельном топливе (Евро-V или VI): 38 млн. тенге (111 тыс. долл. США); со скидкой при размещении крупного заказа: 20 млн. тенге (58 тыс. долл. США).

В-шестых, обзор доступных типов совместного финансирования (см. Раздел 2) демонстрирует, что в Казахстане имеются государственные механизмы финансирования. Вместе с тем нет необходимости в том, чтобы программа полностью финансировалась за счет грантов. В силу характера государственного сектора — в котором снижение эксплуатационных затрат может быть достигнуто путем замены составляющих старого парка новыми моделями и использования экологически чистого топлива — это финансирование должно быть нацелено на увеличение инвестиций, а не на поддержку рентабельных проектов, которые состоялись бы независимо от участия государства.

Наконец, проведенные исследования, а также личные контакты выявили как некоторые препятствия так и возможности, связанные с реализацией программы поддержки КПГ в секторе общественного транспорта Казахстана. Поэтому, в данном исследовании предлагаются оптимальные институциональные механизмы (см. Раздел 6), а также процедуры управления проектным циклом (см. Раздел 7) помогающие успешно осуществить данную Программу.

Основные проблемы препятствующие внедрению программы поддержки КПГ в секторе общественного транспорта

Основные препятствия на пути осуществления программы внедрения КПГ выявленные в рамках этого анализа, состоят в следующим:

- **Неравномерный характер развития инфраструктуры КПГ в стране:** газопроводы природного газа сосредоточены главным образом на юге и юго-западе страны и не проходят по северным частям Казахстана.
- **Направленность программы на КПГ, СНГ и дизельное топливо:** в настоящее время 98% автомобилей в Казахстане используют в качестве топлива бензин, 0,1% — КПГ и СНГ, а остальные — дизельное топливо (UNDP, 2015). Из-за высоких начальных затрат, связанных с КПГ (как на закупку новых транспортных средств, так и на переход на КПГ существующих транспортных средств, использующих бензин и дизельное топливо), частный сектор Казахстана, как физические лица, так и компании, отдает предпочтение системам с использованием СНГ (стоимость перехода на которые составляет 200–300 тыс. тенге (600–900 долл. США) по сравнению с приблизительно вдвое более высокими затратами, связанными с переходом на КПГ).
- **Отсутствие надежной методики мониторинга загрязнения воздуха и соответствующей инфраструктуры:** за мониторинг транспорта и загрязнения воздуха транспортным сектором и сбор соответствующих данных отвечают разные государственные субъекты. Как сообщается в Программе развития ООН (UNDP, 2015), Комитет по статистике Казахстана не располагает данными о транспортном секторе (то есть о числе транспортных компаний, объеме потребления топлива). Информацию и данные о количестве, типах и состоянии транспортных средств, как правило, можно найти на вебсайте Министерства внутренних дел, поскольку ежегодный техосмотр транспортных средств в стране находится в ведении этого министерства.
- **Лимиты заимствования:** верхний предел заимствования государством составляет 50% ВВП. Эта норма определяется Соглашением о согласованной макроэкономической политике, одним из 18 отраслевых соглашений, образующих правовую базу Единого экономического пространства (ЕЭП),

подписанным 9 декабря 2010 года в Москве в соответствии с Маастрихтским договором (регулирующим предельные значения годового дефицита государственного бюджета, государственного долга и уровня инфляции) (Secrieru, 2014). Правительству Республики Казахстан удавалось удерживать свой государственный долг на уровне 60% ВВП, одном из самых низких уровней в мире (Lovasz and Gizitdinov, 2012).

Основные возможности, связанные с осуществлением программы внедрения КПГ в сектор общественного транспорта

Эти возможности включают в себя:

- **Готовность местных субъектов к сотрудничеству:** например, газораспределительная компания ТОО «КазТрансГаз Онимдери»; желает и готова поддерживать Программу *СРТ* путем развития инфраструктуры КПГ в стране.
- **Осуществляемые в Казахстане новаторские проекты развития экологически чистой энергетики:** для достижения целевого показателя удовлетворения из возобновляемых источников к 2020 году 3% потребностей в энергии и к 2030 году — 10% Казахстан субсидирует производство энергии из возобновляемых источников для поощрения инвестиций в экологически чистую энергетику. Программа, разработанная в рамках данного исследования, может способствовать достижению этих целей.
- **Совершенствование основ государственной «зеленой» политики:** правительством Республики Казахстан начато осуществление Астанинской инициативы «Зеленый мост» (АИЗМ), нацеленной на поощрение «зеленой» экономической политики («зеленого» роста, низкоуглеродного развития) путем обмена знаниями и содействия «зеленым» инвестициям посредством создания моста между Европой и Азией.[1] В рамках этой инициативы, как сообщает ОЭСР и Всемирный банк, должен быть создан фонд в размере 25 млн. долл. США для поддержки «зеленых» минипроектов (грантами и кредитами в размере до 100 000 долл. США на один проект). Фондом будет управлять Департамент «зеленой» экономики Министерства энергетики, и он будет поддерживаться ресурсами Всемирного банка и Глобального экологического фонда (в размере по 10 млн. долл. США каждый). В 2017 году должен быть объявлен конкурс заявок (если будет принято решение Правительства Казахстана). Потенциально, это может быть возможностью для данной программы.

Примечание

1. Более подробная информация о Программе партнерства «Зеленый мост» 2011–2020, находится на https://sustainabledevelopment.un.org/partnership/?p=2237.

Ссылки

Lovasz, A. and N. Gizitdinov (2012), "Kazakhstan May Limit Borrowing by State Companies", *KazWorld.info,* 22 May 2012. http://kazworld.info/?p=21569.

Secrieru, S. (2014), "Bumps on Russia's Road to the Eurasian Economic Union: Postponed Integration, Costly Enlargement and Delayed International Recognition", *Policy Paper No. 10 (93),* Polish Institute for International Affairs, Warsaw. https://www.pism.pl/files/?id_plik=17741.

UNDP (2015), *Energy Efficiency in Transport Sector of the Republic of Kazakhstan: Current Status and Measures for Improvement*, Analytical Report, UNDP/GEF Project City of Almaty Sustainable Transport, United Nations Development Programme, Almaty. http://alatransit.kz/sites/default/files/energy_efficiency_in_transport_sector_of_the_republic_of_kazakhstan.pdf.

Раздел 2

Стоимость программы ее финансирование и ожидаемые результаты

В данном разделе рассматриваются основные затраты по программе, а также ожидаемые экологические и социальные выгоды. Эти оценки основаны на программных целях и возможных проектах, которые здесь подробно обсуждаются. В Разделе анализируется также стратегия финансирования и оптимальный уровень софинансирования программы. Процесс осуществления программы будет состоять из двух этапов: (i) Этап 1 — пилотная фаза программы будет проходить в двух выбранных городах, Костанай и Шымкент и (ii) Этап 2 — расширение действия программы на основные крупные города Казахстана.

Общие цели и проекты

Общая цель Программы *CPT* экологически чистого общественного транспорта заключается в содействии достижению национальных целей, связанных с усилиями государства по смягчению последствий изменения климата и переходом к развитию «зеленой» экономики. В связи с этим, программа будет способствовать достижению заявленной цели правительства по сокращению объема выбросов парниковых газов на 15–25% к 2030 году, если сравнивать с объемом выбросов в 1990 году.[1] Однако, что еще более важно, так это то, чтобы программа также способствовала снижению уровня выбросов в городских центрах. Реализация программы будет способствовать сокращению выбросов загрязняющих веществ, способствующих образованию смога, таких как окись углерода (CO), диоксид серы (SO_2), оксиды азота (NO_x) и твердые частицы (ТЧ).

На практике эта цель будет достигнута за счет поддержки инвестиций по замене городских автобусов общественного транспорта более современными машинами, работающими на экологически чистом топливе. Целевым сектором программы является сектор общественного транспорта в городских районах Казахстана.

Программа *CPT* нацелена на выполнение следующих конкретных целей:

Цель 1 — сокращение объема выбросов опасных загрязнителей воздуха в городских районах Республики Казахстан;

Цель 2 — сокращение объема выбросов парниковых газов;

Цель 3 — модернизация городского транспортного парка с целью повышения надежности и эффективности услуг общественного транспортам;

Цель 4 — стимулирование производства или, по крайней мере, сборки современных автобусов на внутреннем рынке и использование собственных запасов природного газа в качестве топлива.

В дальнейшем эти цели были преобразованы и изложены в виде конкретных целевых задач, которые должны быть выполнены в рамках программы. Данные целевые задачи изложены ниже.

По результатам анализа рынка, проведенного в рамках данного исследования (см. Раздел 5 и Приложение А), программа утвердила три портфеля проектов[2] по замене старого автобусного парка в городских центрах на современные автобусы, работающие на следующих видах топлива:

- компримированный природный газ (КПГ);
- сжиженный нефтяной газ (СНГ);
- дизельное топливо стандарта Евро-5 и Евро-6 с одновременным рассмотрением возможности импорта топлива стандарта Евро-6 (пока топливные стандарты еще не внедрены на территории Республики Казахстан).

Учитывая устаревание автобусного парка в Казахстане, предлагаемые портфели проектов нацелены на стимулирование покупки новых автобусов и исключают простую модернизацию двигателей. Реализация предлагаемых портфелей проектов должна сопровождаться инвестициями в строительство заправочных станций для КПГ и СНГ, а также другими сопутствующими инвестициями по усовершенствованию транспортной системы городских центров (например, выделение отдельных полос для движения автобусов, улучшение автобусных остановок, внедрение «умной» системы управления дорожным движением). В Разделе 5 данного отчета подробно описываются допущения и выводы, лежащие в основе выбора данных портфелей проектов.

Сроки реализации Программы *СРТ*

Предполагается, что Программа *СРТ* будет реализована в два этапа. Началу первого этапа программы предшествует подготовительный период, в ходе которого необходимо включить программу в государственный бюджет, а также выявить и сделать запрос на получение дополнительных финансовых ресурсов (включая донорское финансирование).

Первый, пилотный этап программы будет осуществляться в двух отобранных пилотных городах. После завершения пилотного этапа будут проанализированы результаты и принято решение о начале реализации второго этапа программы уже в большем числе городов. В отличие от первого этапа, для осуществления второго этапа понадобится создание группы реализации (ГР) программы на национальном уровне. Группа по реализации будет отвечать за продвижение программы, объявление конкурсов заявок, сбор заявок, оценки и отбор проектов, выделение средств на реализацию проектов, а также мониторинг и оценку реализации программы и ее результатов.

Рисунок 2.1. **Предлагаемый график реализации программы**

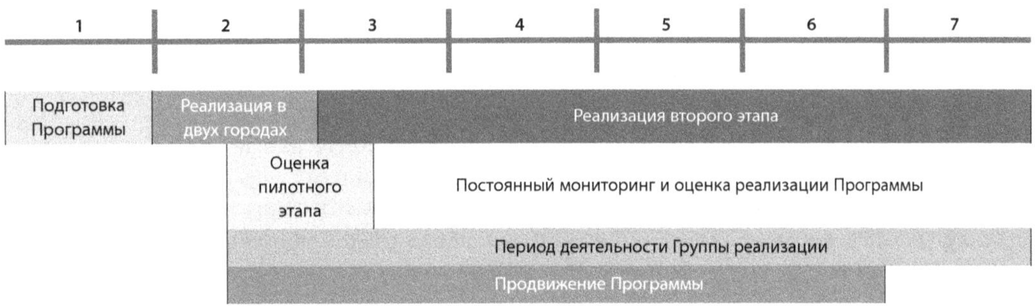

Сроки осуществления пилотного этапа

После обсуждения с участием заинтересованных сторон начнется пилотный этап Программы *СРТ*. После согласования условий проектного финансирования сам процесс реализации программы в двух выбранных пилотных городах должен пройти относительно быстро, так как в данном случае требуется лишь покупка новых автобусов и отсутствует необходимость в выполнении работ по развитию инфраструктуры. Основным сдерживающим фактором будет процедура осуществления закупок и производственные возможности поставщиков новых автобусов. Таким образом, период пилотного этапа может длиться до одного года.

Сроки осуществления второго этапа

Результаты анализа опыта аналогичных проектов субсидируемых государством в других странах свидетельствуют о том, что подобные программы должны осуществляться в течение средне- и долгосрочного периода и согласовываться с целями правительства. Поэтому предполагается, что данная Программа *CPT* должна быть реализована в течение 5 лет с последующим детальным анализом ее результатов. Анализ результатов программы необходим для принятия решения о целесообразности ее продления или закрытия, исходя из возможных целей правительства, тенденций рынка или других стратегических задач.

Кроме того, будет проводиться ежегодная итоговая оценка результатов реализации Программы *CPT*, чтобы удостовериться в том, что отобранные и осуществляемые проекты способствуют достижению целей правительства, а также для принятия мер по корректировке программы, если это необходимо. Учитывая то, что данная программа будет совместно финансироваться из государственного бюджета, корректировка программы должна осуществляться в соответствии с текущим многолетним бюджетом/среднесрочным прогнозом расходов (СПР), на основании которого следует составлять годовые планы финансирования в рамках регулярного годового бюджета.

Оценка стоимости и предполагаемые результаты реализации Программы *CPT*

Оценка стоимости основывается на модели Excel, *OPTIC* специально разработанной для Программы *CPT* экологически чистого общественного транспорта (описание модели см. Вставка 2.1). Сметные допущения для расчета стоимости программы и показателей сокращения вредных выбросов описаны в «Расчет затрат по программе для Этапа 1 (пилотная фаза) и Этапа 2 (расширенного фаза)» в секции Приложении B.

Вставка 2.1. **Модель *OPTIC***

Цельаналитической программы, созданной на основе Excel и названной «Оптимизация стоимости инвестиций в общественный транспорт — модель *OPTIC*» — поддержка правительства Казахстана в частности во время подготовки и точной оценки экологических выгод и затрат на экологическую государственную инвестиционную программу.

Понятие «программа» в данном случае понимается значительно шире. Это не только программное обеспечение, но и обширная область деятельности, требуемая для осуществления политических решений и обозначенных приоритетов.

Данная модель, созданная на основе электронных таблиц — простой и легкий в использовании аналитический инструмент, предназначенный для расчета и оптимизации общих затрат по программам, определение уровня снижения выбросов CO_2 и уровня сокращения выбросов городским общественным транспортом других загрязняющих веществ (CO, NO_x, ТЧ, CO_2), который может быть достигнут в результате реализации предлагаемых проектов. Модель также позволяет рассчитать оптимальный уровень субсидии, который может быть предложен потенциальным бенефициарам.

В данном случае, оптимизация затрат подразумевает достижение заданных целей при минимально возможных затратах для государственного бюджета.

Если на протяжении периода реализации программы, основные экономические условия в стране меняются (например, повышаются тарифы, снижаются процентные ставки по коммерческим кредитам уменьшается/увеличивается доступное государственное финансирование), цели и уровни субсидий могут быть дополнительно пересчитаны (оптимизированы) и соответственно скорректированы.

Вставка 2.1. **Модель *OPTIC*** *(продолжение)*

Модель состоит из семи модулей: *(i)* Предпосылки; *(ii)* Факторы эмиссии; *(iii)* Обзор транспортного сектора с информацией о текущем состоянии и возрасте автобусного парка; *(iv)* Определение размера субсидии; *(v)* Расчет стоимости; *(vi)* Расчет уровня сокращения выбросов; *(vii)* Оценка стоимости программы и воздействие на окружающую среду.

Как указывается в Приложении B, нормативные значения показателей загрязнения, заявленные и проверенные в лабораторных условиях, отличаются от действительных значений показателей загрязнения, измеренных в условиях городского транспортного цикла. Поэтому результаты реализации программы были представлены с использованием двух различных наборов показателей загрязнения окружающей среды: нормативных и реальных. Нормативные коэффициенты выбросов учитывают различные современные стандарты выбросов для дизельных двигателей большой мощности, автобусных двигателей и оценке двигателей, работающих на КПГ и СНГ. Коэффициенты выбросов, установленные стандартами, основаны на максимальных уровнях в зависимости от конкретных норм. В действительности величины могут отличатся, главным образом из-за того, что нормы выбросов проверяются в лабораторных, а не реальных условиях движения. В основном это касается дизельных двигателей, где сокращение объема выбросов зависит от установленного на моторе дополнительного оборудования. С другой стороны, в случае с КПГ и СНГ проблемы с выбросами менее актуальным т.к. низкие объемы выбросов в основном связаны с использованием более чистых видов топлива. В данном случае реальный уровень выбросов был рассчитан с учетом результатов, опубликованных Международным советом по экологически чистым перевозкам (МСЭП, International Council on Clean Transportation — *ICCT*) произведенных в реальных условиях и полученных на современных дизельных автомобилях (Franco et al., 2014). Подробное обсуждение факторов выбросов приводится далее в Приложении B.

Этап 1. (Пилотный этап)

Для участия в пилотном этапе были предложены два города: Костанай и Шымкент.

Город Костанай

Костанай является идеальным вариантом пилотного города, там до сих пор курсируют 413 старых дизельных автобусов и лишь 6 относительно новых автобусов. Срок службы старых автобусов превышает 15 лет, и большинство из них находится в эксплуатации 15–20 лет. Воздух в Костанае сильно загрязнен, поэтому снижение уровня выбросов имеет важное значение для этого горожан.

Принимая во внимание географическую отдаленность Костаная от казахских газопроводов, внедрение автобусов, работающих на КПГ, представляется в этом городе проблематичным. При этом Костанай находится недалеко от границы с Россией и не слишком далеко от крупных российских городов (таких как Челябинск, Магнитогорск), следовательно, может получить доступ к более качественному топливу.[3] Однако дизельные двигатели стандарта Евро-5/V уже используются на территории Казахстана, и местный опыт их применения не вселяет оптимизма. Например, компоненты предназначенные для обеспечения снижения выбросов в дизельных двигателях (такие как фильтры, AdBlue), сразу же демонтируются из-за того, что эти фильтры приводят к более высокому расходу топлива и большим затратам. Демонтаж фильтра приводит к более высокому уровню загрязнения. Таким образом, оптимальным вариантом является замена старых автобусов на новые модели, работающие на СНГ или КПГ.

Доступность газозаправочных станций КПГ, является основным препятствием на пути внедрения автобусов КПГ в г. Костанай. Хотя поблизости, в городе Рудный, существует одна газозаправочная станция КПГ, но как утверждает областная администрация, станция уже устарела. Поэтому Программа *CPT* предусматривает, что самые старые автобусы в городе будут заменены новыми моделями работающими на СНГ, в то время как на более позднем этапе можно принять решение о замене СНГ на КПГ — в зависимости от вариантов доступа к КПГ.

Учитывая число старых автобусов в Костанае, на пилотном этапе проекта рекомендуется заменить 200 автобусов на современные модели, оснащенные работающими на СНГ двигателями. Ключевые входные (финансы) и выходные (окружающая среда) параметры реализации пилотного этапа в Костанае представлены ниже в Таблице 2.1. Общая стоимость программы для Костанай оценивается в 6 421 млн. тенге (18,72 млн. долл. США), из них 3 070 млн. тенге (8,95 млн. долл. США) будут софинансированы из программы, а 3 342 млн. тенге (9,75 млн. долл. США) будут выделены частными инвесторами.

Таблица 2.1. **Ключевые входные и выходные параметры пилотного этапа программы в Костанае в 2017–2021 гг.**

	Единица измерения	Результаты расчета с использованием нормативных показателей загрязнения	Результаты расчета с использованием действительных показателей загрязнения
Общее число замененных автобусов	#	200	200
Общие расходы на замену автобусов	млн. тенге	6 421	6 421
• из них профинансировано за счет программы	млн. тенге	3 079	3 079
• из них профинансировано частными автобусными перевозчиками	млн. тенге	3 342	3 342
Общее сокращение выбросов CO_2	CO_2 т/год	5 013	12 434
Общее сокращение выбросов CO	кг/год	16 526	16 526
Общее сокращение выбросов NO_x	кг/год	117 612	117 612
Общее сокращение выбросов ТЧ	кг/год	3 709	3 709
Общее сокращение выбросов SO_2	кг/год	2 657	2 657

Источник: ОЭСР Программа *CPT*, модель *OPTIC*.

Как следует из Таблицы 2.1, уменьшение выбросов CO_2 незначительно. Это обусловлено относительно высоким значением показателя выбросов CO_2 при использовании СНГ (более подробно см. Приложение B). С другой стороны, наблюдается существенное сокращение выбросов других загрязняющих веществ.

Наибольшее снижение может быть достигнуто при выбросах NO_x, которые могут быть сокращены на 117 612 кг/год. Что касается выбросов CO_2 в Костанай, то по оценкам внедрение программы будет способствовать сокращению на 5 013 CO_2 т/год.

На Рисунке 2.2 представлены прогнозируемые экологические результаты в городе Костанай, в том числе и результаты второго (расширенного) этапа. Эти инвестиции могут привести к значительным сокращениям выбросов.

Рисунок 2.2. **Прогнозируемое сокращение выбросов CO_2 и загрязнителей воздуха в атмосферу в г. Костанай в 2017–2021 гг.**

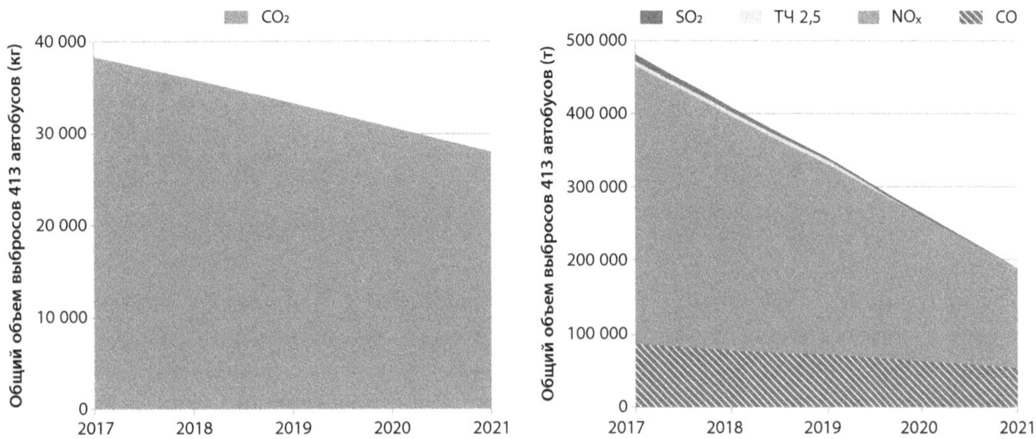

Источник: ОЭСР Программа *CPT*, модель *OPTIC*.

Город Шымкент

Шымкент — крупный город, расположенный в южной части Казахстана[4] на пути газотранспортной магистрали. В Шымкенте уже идет процесс развития современной инфраструктуры общественного транспорта, и 200 автобусов, работающих на КПГ, уже курсируют по улицам города. На территории города также функционируют газозаправочные станции для заправки КПГ. Воздух в Шымкенте сильно загрязнен, поэтому снижение уровня загрязнения от источников выбросов имеет очень важное значение для городских властей.

В городе все еще эксплуатируются очень старые дизельные автобусы (со сроком службы более 15 лет) в количестве 61 единицы, а также 109 относительно старых автобусов (со сроком службы 10–15 лет).

Учитывая число старых автобусов в Шымкенте, на пилотном этапе предлагается заменить 100 автобусов на современные транспортные средства, работающие на КПГ. Ключевые входные и выходные параметры реализации пилотного этапа программы в Шымкенте представлены в Таблице 2.2.

Общая стоимость 100 замененных автобусов в г. Шымкент составит 3 531 млн. тенге (10,3 млн. долл. США), из которых в рамках Программы *CPT* можно выделить 1 705 млн. тенге (4,97 млн. долл. США), а остальные 1 826 млн. тенге (5,32 млн. долл. США) могут внести частные автобусные операторы.

Таблица 2.2. **Ключевые входные и выходные параметры пилотного этапа программы в г. Шымкент в 2017–2021 гг.**

	Единица измерения	Нормативные значения показателей загрязнения	Действительные значения показателей загрязнения
Общее число замененных автобусов	#	100	100
Общие расходы на замену автобусов	млн. тенге	3 531	3 531
• из них профинансировано за счет программы	млн. тенге	1 705	1 705
• из них профинансировано частными автобусными перевозчиками	млн. тенге	1 826	1 826
Общее сокращение выбросов CO_2	CO_2 т/год	2 827	6 427
Общее сокращение выбросов CO	кг/год	18 723	18 723
Общее сокращение выбросов NO_x	кг/год	72 552	72 552
Общее сокращение выбросов ТЧ	кг/год	1 798	1 798
Общее сокращение выбросов SO_2	кг/год	1 706	1 706

Источник: ОЭСР Программа *CPT*, модель *OPTIC*.

Как показано в Таблицы 2.2, сокращение выбросов CO_2 и других загрязняющих веществ является значительным. Предполагаемый объем снижение выбросов NO_x составит 75 552 кг/год. Что же касается выбросов CO_2, то сокращение в Шымкенте оценивается в 2 827 CO_2 т/год. На Рисунке 2.3 представлены прогнозируемые экологические результаты в городе Шымкент, в том числе и результаты второго (расширенного) этапа.

Рисунок 2.3. **Прогнозируемое сокращение выбросов CO_2 и загрязнителей воздуха в атмосферу в г. Шымкент в 2017–2021 гг.**

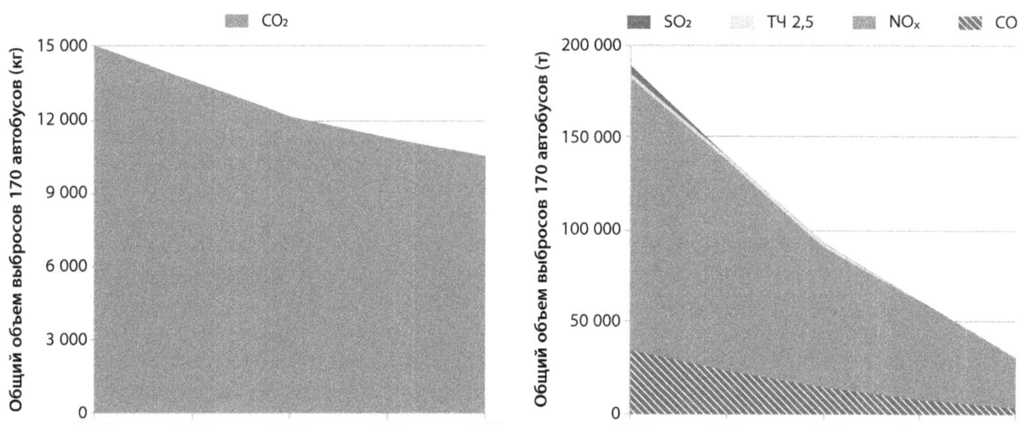

Источник: ОЭСР Программа *CPT*, модель *OPTIC*.

Сводные данные о реализации пилотного этапа

Сводные данные о входных и выходных параметрах реализации пилотного этапа проекта в двух городах представлены в Таблице 2.3. Во время пилотного этапа планируется замена 300 автобусов, 100 из которых будут работать на компримированном природном газе КПГ, а 200 машин будут работать на автогазе (СНГ). Общая стоимость программы оценивается в 9 952 млн. тенге (29 млн. долл. США), из которых 4 784 млн. тенге (14 млн. долл. США) будут выделены из государственного бюджета, а остальные — частными/муниципальными операторами. Предполагается, что общие выбросы CO_2 будут сокращены на 7 840 CO_2 т/год (на основе реального коэффициента загрязнения), а наибольшее снижение загрязнения воздуха может быть достигнуто за счет сокращения выбросов NO_x, которые, как ожидается, уменьшатся на 190 164 кг/год.

Таблица 2.3. **Ключевые входные и выходные параметры пилотного этапа программы**

	Единица измерения	Нормативные значения показателей загрязнения	Действительные значения показателей загрязнения
Общее число замененных автобусов	#	300	300
• из них работающие на КПГ	#	100	100
• из них работающие на СНГ	#	200	200
Общие расходы на замену автобусов	млн. тенге	9 952	9 952
• из них профинансировано за счет Программы	млн. тенге	4 784	4 784
• из них профинансировано частными/муниципальными автобусными перевозчиками	млн. тенге	5 168	5 168
Общее сокращение выбросов CO_2	CO_2 т/год	7 840	18 861
Общее сокращение выбросов CO	кг/год	35 250	35 250
Общее сокращение выбросов NO_x	кг/год	190 164	190 164
Общее сокращение выбросов ТЧ	кг/год	5 507	5 507
Общее сокращение выбросов SO_2	кг/год	4 363	4 363

Источник: ОЭСР Программа *CPT*, модель *OPTIC*.

Второй этап

После завершения пилотного этапа проекта на территории Республики Казахстан все еще будет насчитываться 2 458 автобусов со сроком службы более 10 лет. Причем срок службы 1 510 из этих 2 458 автобусов превышает 15 лет (см. Рисунок 2.9).[5] Поскольку в секторе общественного транспорта все еще остается потенциал для существенного улучшения состояния окружающей среды, были представлены два сценария реализации Программы *CPT* стоимость которых, была рассчитана с применением модели *OPTIC* специально разработанной для этих целей. Второй этап программы охватит все крупные города в Казахстане в течение 5 лет (19 городов согласно Сценарию № 1 и 21 города согласно Сценарию № 2) и будет нацелен на замену всех автобусов старше 15 лет (по Сценарию № 1) и всех автобусов старше 10 лет (по Сценарию № 2). Причина, по которой некоторые города (4 города в Сценарии № 1 и 2 города в Сценарии № 2) не включены в программу, заключается в том, что в этих городах нет старых автобусов.

На Рисунке 2.4 представлено прогнозируемое сокращение парниковых газов и загрязнение воздуха в 19 крупных городах Казахстана.

Рисунок 2.4. **Сокращение объемов выбросов ПГв 19 городах Казахстана, Сценарий № 1, 2020–2024 гг.**

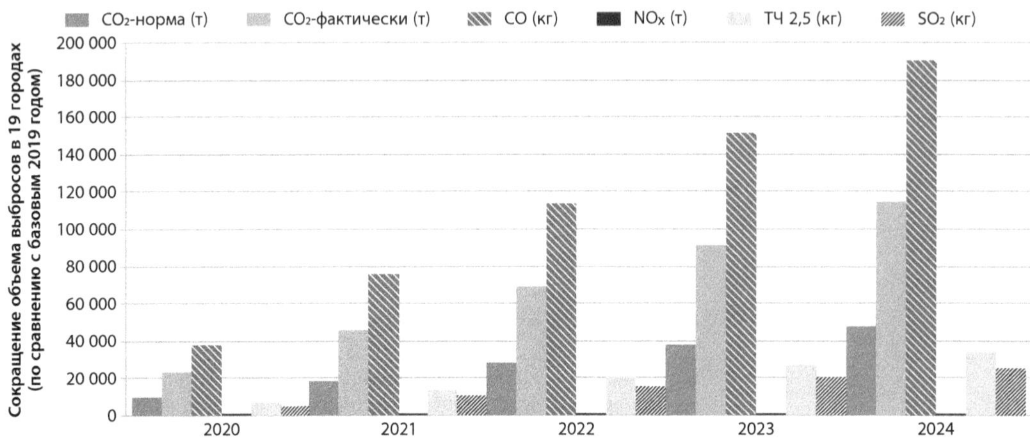

Источник: ОЭСР Программа *CPT*, модель *OPTIC*.

Примечание: Хотя в Казахстане есть 23 региональных города, из-за отсутствия старых автобусов в 4 из них, как обсуждалось ранее, они не будут иметь права на поддержку в рамках Сценария№ 1 на втором этапе программы.

Сводные данные о ключевых параметрах рассматриваемых сценариев представлены в Таблице 2.4. Анализ чувствительности не проводился, но возможны изменения показателя экономической эффективности программы при изменении цен, используемых для расчета затрат.

Подробная информация для двух сценариев по каждому из городов для нормативных факторов загрязнения представлена в Таблицах 2.5 и 2.6.

Как видно из Таблицы 2.4, согласно Сценарию № 1 2-го этапа программы общая сумма инвестиций составит 61 526 млн. тенге (179 млн. долл. США), из них 30 399 млн. тенге (89 млн. долл. США) — государственное финансирование. Как видно в Таблице 2.4 — по Сценарию № 2 на втором этапе — общие инвестиции увеличатся до 94 581 млн. тенге (276 млн. долл. США), а 46 602 млн. тенге (136 млн. долл. США) предоставит госбюджет.

Что же касается загрязнения атмосферы и сокращение выбросов CO_2, то наиболее значительные улучшения, как ожидается, будут достигнуты в сокращении выбросов NO_x. По оценкам проведенным согласно Сценарию № 1, выбросы NO_x, сократятся на 1 135 321 кг/год, тогда как по Сценарию № 2 это снижение будет больше и составит 1 723 549 кг/год. По оценкам, выбросы CO_2 сократятся на 47 829 CO_2 т/год согласно Сценарию № 1 и 68 367 CO_2 т/год — согласно Сценарию № 2.

Основное различие между сценариями заключается в том, что Сценарий № 1 предусматривает, что программой будет финансироваться только замена автобусов старше 15 лет, а в рамках Сценария № 2 — программа будет поддерживать также замену автобусов старше 10 лет. Стоит однако отметить, что к моменту начала реализации второго этапа программы многие из этих 10-летних автобусов станут старше 15 лет, поэтому, возможно, потребуется так или иначе, заменить большее количество автобусов. В затраты по обеим сценариям включены также затраты на пилотный этап.

Таблица 2.4. **Ключевые входные и выходные параметры рассматриваемых сценариев программы**

		Сценарий № 1		Сценарий № 2	
	Единица измерения	Нормативные значения показателей загрязнения	Действительные значения показателей загрязнения	Норматив-ные значения показателей загрязнения	Действитель-ные значения показателей загрязнения
Общее число замененных автобусов	#	1 827		2 783	
• из них работающие на КПГ	#	386		953	
• из них работающие на СНГ (или современные дизельные)	#	1 441		1 830	
Общее число городов, в которых осуществляется программа	#	19		21	
• Число городов, в которых внедрены автобусы, работающие на КПГ	#	7		9	
• Число городов в которых внедрены автобусы, работающие на СНГ, или дизельные	#	12		12	
Общие расходы на замену автобусов	млн. тенге	61 526		94 581	
• из них профинансировано за счет программы	млн. тенге	30 399		46 602	
• из них профинансировано за счет частных/муниципальных перевозчиков	млн. тенге	31 126		47 979	
• Расходы на новые газозаправочные станции на КПГ	млн. тенге	1 632		2 176	
Общее сокращение выбросов CO_2	CO_2 т/год	47 829	115 512	68 367	168 795
Общее сокращение выбросов CO	кг/год	193 140	193 140	319 610	319 610
Общее сокращение выбросов NO_x	кг/год	1 135 321	1 135 321	1 723 549	1 723 549
Общее сокращение выбросов ТЧ	кг/год	33 827	33 827	50 169	50 169
Общее сокращение выбросов SO_2	кг/год	25 881	25 881	39 729	39 729

Источник: ОЭСР Программа *CPT*, модель *OPTIC*.

Таблица 2.5. **Ключевые параметры оценки Программы *СРТ* согласно Сценарию № 1 на втором этапе, Нормативные значения показателей загрязнения окружающей среды**

	Новые автобусы			Инвестиционные расходы	Субсидия	Сокращение выбросов ежегодно				
	Топливо									
Город	Дизель	КПГ	СНГ	млн. тенге	млн. тенге	CO_2 (т)	CO (кг)	NO_x (кг)	ТЧ 2,5 (кг)	SO_2 (кг)
Кокчетав	0	0	55	1 766	847	1 379	4 545	32 343	1 020	731
Актобе	0	6	0	756	646	186	1 161	4 518	111	106
Талдыкорган	0	0	0	0	0	0	0	0	0	0
Астана	0	0	117	3 756	1 801	2 933	9 668	68 803	2 170	1 554
Алматы	0	163	0	5 756	2 780	5 062	31 542	122 749	3 023	2 867
Атырау	0	0	0	0	0	0	0	0	0	0
Семей	0	0	48	1 541	739	1 203	3 966	28 227	890	638
Усть-Каменогорск	0	0	219	7 031	3 371	5 489	18 096	128 785	4 062	2 910
Тараз	0	14	0	1 038	783	435	2 709	10 543	260	246
Уральск	0	56	0	1 978	955	1 739	10 837	42 171	1 039	985
Караганда	0	0	297	9 535	4 572	7 444	24 542	174 654	5 508	3 946
Темиртау	0	0	10	321	154	251	826	5 881	185	133
Жезказган	0	0	19	610	293	476	1 570	11 173	352	252
Костанай	0	0	413	13 259	6 358	10 352	34 127	242 869	7 659	5 487
Рудный	0	0	146	4 687	2 248	3 660	12 064	85 857	2 708	1 940
Кызылорда	0	46	0	1 624	785	1 429	8 902	34 641	853	809
Павлодар	0	0	78	2 504	1 201	1 955	6 445	45 869	1 447	1 036
Экибастуз	0	0	24	770	369	602	1 983	14 113	445	319
Актау	0	0	0	0	0	0	0	0	0	0
Жанаозен	0	1	0	579	561	31	194	753	19	18
Петропавловск	0	0	15	482	231	376	1 239	8 821	278	199
Шымкент	0	100	0	3 531	1 705	2 827	18 723	72 552	1 798	1 706
Туркестан	0	0	0	0	0	0	0	0	0	0
ИТОГО	**0**	**386**	**1 441**	**61 526**	**30 399**	**47 829**	**193 140**	**1 135 321**	**33 827**	**25 881**

Источник: ОЭСР Программа *СРТ*, модель *OPTIC*.

Аналогичные расчеты Сценария № 2 приведены в Таблице 2.6. Два города Актау и Туркестан не соответствуют критериям поддержки программы. Уровень инвестиций, субсидий и связанных с ними сокращением выбросов для этих городов не указан. Причина в том, что в обоих городах нет автобусов старше 10 лет.

Таблица 2.6. **Ключевые параметры оценки Программы *CPT* — Сценарий № 2 (второй этап), Нормативные значения показателей загрязнения окружающей среды**

Город	Новые автобусы			Инвестиционные расходы	Субсидия	Сокращение выбросов ежегодно				
	Топливо									
	Дизель	КПГ	СНГ	млн. тенге	млн. тенге	CO_2 (т)	CO (кг)	NO_x (кг)	ТЧ 2,5 (кг)	SO_2 (кг)
Кокчетав	0	0	127	4 077	1 955	2 670	9 335	69 599	2 251	1 590
Актобе	0	75	0	3 193	1 823	1 837	13 402	51 607	1 291	1 226
Талдыкорган	0	0	9	289	139	161	599	4 657	154	107
Астана	0	0	227	7 288	3 495	4 905	16 986	125 721	4 050	2 867
Алматы	0	368	0	12 996	6 276	9 966	67 911	262 649	6 527	6 195
Атырау	0	35	0	1 780	1 141	837	6 209	23 885	598	568
Семей	0	0	82	2 633	1 262	1 813	6 228	45 820	1 471	1 043
Усть-Каменогорск	0	0	276	8 861	4 249	6 511	21 889	158 279	5 036	3 590
Тараз	0	77	0	3 263	1 857	1 942	13 886	53 537	1 337	1 269
Уральск	0	110	0	3 885	1 876	3 031	20 417	79 023	1 962	1 862
Караганда	0	0	305	9 792	4 695	7 588	25 074	178 793	5 645	4 041
Темиртау	0	0	18	578	277	394	1 359	10 020	322	228
Жезказган	0	0	42	1 348	647	889	3 100	23 074	746	527
Костанай	0	0	413	13 259	6 358	10 352	34 127	242 869	7 659	5 487
Рудный	0	0	150	4 816	2 309	3 731	12 330	87 927	2 776	1 987
Кызылорда	0	114	0	4 026	1 944	3 055	20 965	81 047	2 016	1 913
Павлодар	0	0	86	2 761	1 324	2 099	6 978	50 008	1 583	1 132
Экибастуз	0	0	28	899	431	673	2 249	16 183	513	367
Актау	0	0	0	0	0	0	0	0	0	0
Жанаозен	0	4	0	685	612	103	726	2 800	70	66
Петропавловск	0	0	67	2 151	1 031	1 308	4 699	35 728	1 167	820
Шымкент	0	170	0	6 003	2 899	4 502	31 142	120 323	2 995	2 843
Туркестан	0	0	0	0	0	0	0	0	0	0
ИТОГО	**0**	**953**	**1 830**	**94 581**	**46 602**	**68 367**	**319 610**	**1 723 549**	**50 169**	**39 729**

Источник: ОЭСР Программа *CPT*, модель *OPTIC*.

Подробная информация для двух сценариев по каждому из городов по **действительным факторам загрязнения** представлена в Таблицах 2.7 и 2.8.

Таблица 2.7. **Ключевые параметры оценки Программы *СРТ* — Сценарий № 1 (второй этап), Действительные значения показателей загрязнения окружающей среды**

	Новые автобусы			Инвестиционные расходы	Субсидия	Сокращение выбросов ежегодно				
	Топливо									
Город	**Дизель**	**КПГ**	**СНГ**	**млн. тенге**	**млн. тенге**	**CO_2 (т)**	**CO (кг)**	**NO_x (кг)**	**ТЧ 2,5 (кг)**	**SO_2 (кг)**
Город Кокчетав	0	0	55	1 766	847	3 419	4 545	32 343	1 020	731
Актобе	0	6	0	756	646	409	1 161	4 518	111	106
Талдыкорган	0	0	0	0	0	0	0	0	0	0
Астана	0	0	117	3 756	1 801	7 274	9 668	68 803	2 170	1 554
Алматы	0	163	0	5 756	2 780	11 111	31 542	122 749	3 023	2 867
Атырау	0	0	0	0	0	0	0	0	0	0
Семей	0	0	48	1 541	739	2 984	3 966	28 227	890	638
Усть-Каменогорск	0	0	219	7 031	3 371	13 616	18 096	128 785	4 062	2 910
Тараз	0	14	0	1 038	783	954	2 709	10 543	260	246
Уральск	0	56	0	1 978	955	3 817	10 837	42 171	1 039	985
Караганда	0	0	297	9 535	4 572	18 465	24 542	174 654	5 508	3 946
Темиртау	0	0	10	321	154	622	826	5 881	185	133
Жезказган	0	0	19	610	293	1 181	1 570	11 173	352	252
Костанай	**0**	**0**	**413**	**13 259**	**6 358**	**25 677**	**34 127**	**242 869**	**7 659**	**5 487**
Рудный	0	0	146	4 687	2 248	9 077	12 064	85 857	2 708	1 940
Кызылорда	0	46	0	1 624	785	3 136	8 902	34 641	853	809
Павлодар	0	0	78	2 504	1 201	4 849	6 445	45 869	1 447	1 036
Экибастуз	0	0	24	770	369	1 492	1 983	14 113	445	319
Актау	0	0	0	0	0	0	0	0	0	0
Жанаозен	0	1	0	579	561	68	194	753	19	18
Петропавловск	0	0	15	482	231	933	1 239	8 821	278	199
Шымкент	**0**	**100**	**0**	**3 531**	**1 705**	**6 427**	**18 723**	**72 552**	**1 798**	**1 706**
Туркестан	0	0	0	0	0	0	0	0	0	0
ИТОГО	**0**	**386**	**1 441**	**61 526**	**30 399**	**115 512**	**193 140**	**1 135 321**	**33 827**	**25 881**

Источник: ОЭСР Программа *СРТ*, модель *OPTIC*.

Таблица 2.8. **Ключевые параметры оценки Программы *СРТ* — Сценарий № 2 (второй этап), Действительные значения показателей загрязнения окружающей среды**

Город	Новые автобусы			Инвестиционные расходы	Субсидия	Сокращение выбросов ежегодно				
	Топливо									
	Дизель	КПГ	СНГ	млн. тенге	млн. тенге	CO_2 (т)	CO (кг)	NO_x (кг)	ТЧ 2,5 (кг)	SO_2 (кг)
Кокчетав	0	0	127	4 077	1 955	7 177	9 335	69 599	2 251	1 590
Актобе	0	75	0	3 193	1 823	4 423	13 402	51 607	1 291	1 226
Талдыкорган	0	0	9	289	139	470	599	4 657	154	107
Астана	0	0	227	7 288	3 495	13 014	16 986	125 721	4 050	2 867
Алматы	0	368	0	12 996	6 276	23 036	67 911	262 649	6 527	6 195
Атырау	0	35	0	1 780	1 141	2 036	6 209	23 885	598	568
Семей	0	0	82	2 633	1 262	4 758	6 228	45 820	1 471	1 043
Усть-Каменогорск	0	0	276	8 861	4 249	16 590	21 889	158 279	5 036	3 590
Тараз	0	77	0	3 263	1 857	4 619	13 886	53 537	1 337	1 269
Уральск	0	110	0	3 885	1 876	6 959	20 417	79 023	1 962	1 862
Караганда	0	0	305	9 792	4 695	18 883	25 074	178 793	5 645	4 041
Темиртау	0	0	18	578	277	1 039	1 359	10 020	322	228
Жезказган	0	0	42	1 348	647	2 381	3 100	23 074	746	527
Костанай	**0**	**0**	**413**	**13 259**	**6 358**	**25 677**	**34 127**	**242 869**	**7 659**	**5 487**
Рудный	0	0	150	4 816	2 309	9 286	12 330	87 927	2 776	1 987
Кызылорда	0	114	0	4 026	1 944	7 091	20 965	81 047	2 016	1 913
Павлодар	0	0	86	2 761	1 324	5 267	6 978	50 008	1 583	1 132
Экибастуз	0	0	28	899	431	1 701	2 249	16 183	513	367
Актау	0	0	0	0	0	0	0	0	0	0
Жанаозен	0	4	0	685	612	243	726	2 800	70	66
Петропавловск	0	0	67	2 151	1 031	3 646	4 699	35 728	1 167	820
Шымкент	**0**	**170**	**0**	**6 003**	**2 899**	**10 499**	**31 142**	**120 323**	**2 995**	**2 843**
Туркестан	0	0	0	0	0	0	0	0	0	0
ИТОГО	***0***	**953**	**1 830**	**94 581**	**46 602**	**168 795**	**319 610**	**1 723 549**	**50 169**	**39 729**

Источник: ОЭСР Программа *СРТ*, модель *OPTIC*.

Что же касается объема инвестиций, **первый сценарий** предполагает ежегодное выделение порядка 10 млрд. тенге (29,2 млн. долл. США) из государственных и частных источников финансирования.[6] **Второй сценарий** предполагает ежегодные расходы на сумму 16 млрд. тенге (46,7 млн. долл. США) в рамках реализации Программы *СРТ*.

В приведенной ниже Таблице 2.9 представлена сводная информация о размерах, результатах и связанных с ними затратах на осуществление программы при условии, что данную программу будет осуществлять непосредственно Группа по реализации, созданная правительством. Размер годовых сумм получен в результате деления суммы государственной финансовой поддержки, предусмотренной в данном сценарии (за вычетом пилотного этапа), на 5 лет реализации второго этапа.

В Таблице 2.9 все суммы указаны в казахстанских тенге (ТНГ).

Таблица 2.9. **Сводные данные о стоимости реализации Программы *CPT*, млн. тенге**

	Инвестиционные расходы	Государственное финансирование								
			Год							
		Итого	1	2	3	4	5	6	7
Сценарий № 1									
Расходы на подготовку (включая поиск и привлечение средств)	10,5	10,5	10,5						
Пилотный этап	*9 952*	*4 784*		*4 784*					
Группа по реализации (операционные расходы)	75	75			15	15	15	15	15
Продвижение программы	30	30			10	10	5	5	
Второй этап	*51 573*	*25 615*			*5 123*	*5 123*	*5 123*	*5 123*	*5 123*
Итого по сценарию 1	**61 641**	**30 514**	**11**	**4 784**	**5 148**	**5 148**	**5 143**	**5 143**	**5 138**
Сценарий № 2									
Расходы на подготовку (включая поиск и привлечение средств)	10,5	10,5	10,5						
Пилотный этап	*9 952*	*4 784*		*4 784*					
Группа по реализации (операционные расходы)	75	75			15	15	15	15	15
Продвижение программы	30	30			10	10	10	10	
Второй этап	*84 629*	*41 818*			*8 364*	*8 364*	*8 364*	*8 364*	*8 364*
Итого по сценарию 2	**94 697**	**46 717**	**11**	**4 784**	**8 389**	**8 389**	**8 389**	**8 389**	**8 379**

Источник: ОЭСР Программа *CPT*, модель *OPTIC*.

Расходы на подготовку программы (включая поиск и привлечение средств) согласно оценке составят 10,5 млн. тенге (Зарплата для одного работника в месяц составит 250 000 тенге × 12 месяцев) + 7,5 млн. тенге внешние издержки. Расходы на оперативную группу приведены из расчета, что для работы над программой будут наняты 5 человек (пять человек × 250 000 тенге в месяц на чел. × 12 месяцев).

Таблица 2.10 отражает Таблицу 2.9, но все затраты пересчитаны в долларах США.

Таблица 2.10. **Сводные данные о стоимости реализации Программы *СРТ*, млн. долл. США**

	Инвестиционные расходы	Государственное финансирование							
			Год						
		Итого	1	2	3	4	5	6	7
Сценарий № 1									
Расходы на подготовку (включая поиск и привлечение средств)	0,03	0,03	0,03						
Пилотный этап	*29*	*14*		*14*					
Группа по реализации (операционные расходы)	0,22	0,22	0,00		0,04	0,04	0,04	0,04	0,04
Продвижение программы	0,09	0,09			0,03	0,03	0,01	0,01	
Второй этап	*150*	*75*			*15*	*15*	*15*	*15*	*15*
Итого по сценарию 1	**180**	**89**	**0**	**14**	**15**	**15**	**15**	**15**	**15**
Сценарий № 2									
Расходы на подготовку (включая поиск и привлечение средств)	0,03	0,03	0,03						
Пилотный этап	*29*	*14*		*14*					
Группа по реализации (операционные расходы)	0,22	0,22	0,00		0,04	0,04	0,04	0,04	0,04
Продвижение программы	0,09	0,09			0,03	0,03	0,03	0,03	
Второй этап	*247*	*122*			*24*	*24*	*24*	*24*	*24*
Итого по сценарию 2	**276**	**136**	**0**	**14**	**24**	**24**	**24**	**24**	**24**

Источник: ОЭСР Программа *СРТ*, модель *OPTIC*.

Стоимость подготовки программы и расходы на группу реализации рассчитываются точно так же, как это было сделано для расходов в тенге.

Оценка расходов на топливо проводилась исходя из действующих цен на внутреннем рынке, как указано в Разделе 5 «Анализ рынка экологически чистого топлива и технологий»:

- КПГ: 35,315 млн. тенге (103 тыс. долл. США);
- СНГ: 32,104 млн. тенге (94 тыс. долл. США);
- Дизель: 30,708 млн. тенге (90 тыс. долл. США).

На Рисунке 2.5 показаны возможные сокращения объема выбросов CO_2 и NO_x на всех этапах реализации программы по сравнению с текущими уровнями выбросов. Именно для этих двух загрязнителей можем ожидать значительное снижение объема выбросов в атмосферу. Очевидно, что с началом реализации второго этапа программы сокращение выбросов начинает накапливаться. В конце Сценария № 2 объем выбросов CO_2, по некоторым оценкам, сократиться примерно на 70 тыс. тонн в год, тогда как сокращение объема выбросов NO_x составит около 1,7 млн. кг/год. Данные расчеты проведены с использованием подхода нормативных факторов загрязнения.

Рисунок 2.5. **Возможное сокращение выбросов CO_2 и загрязнителей воздуха в результате осуществления программы**

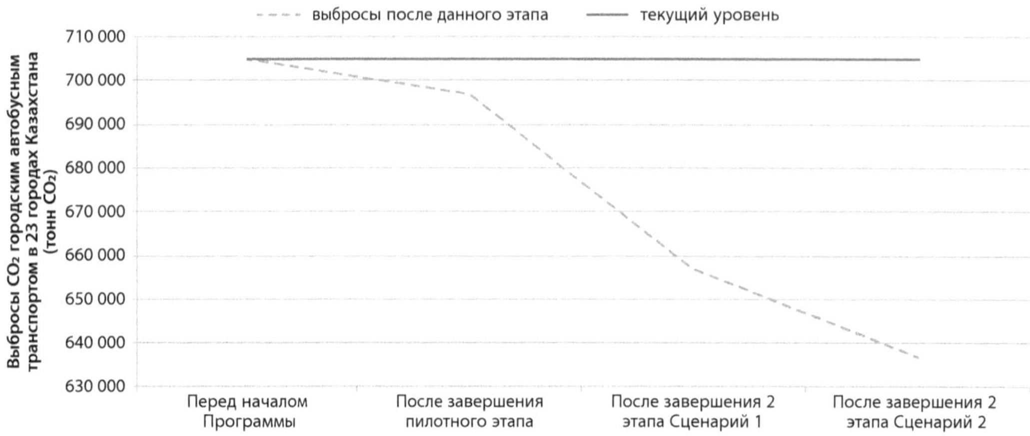

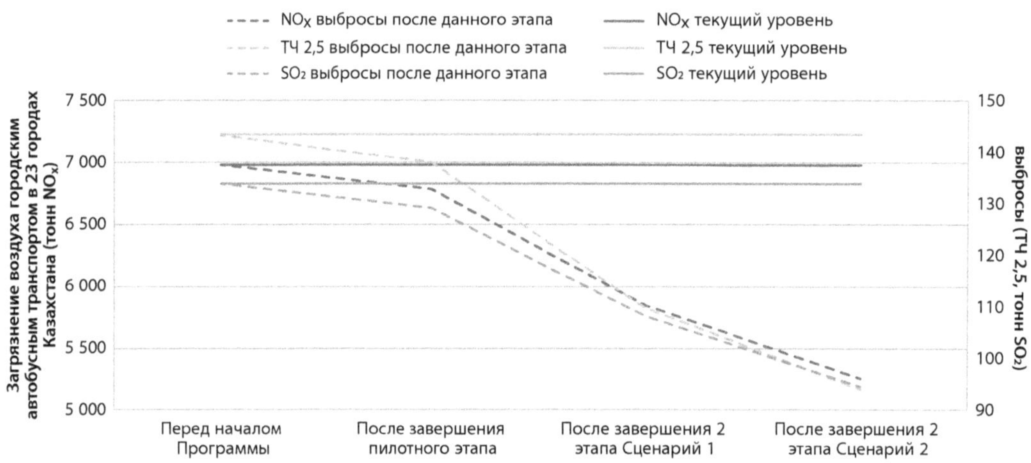

Источник: ОЭСР Программа *CPT*, модель *OPTIC*.

Финансовая стратегия и оптимальный уровень совместного финансирования

Программа *CPT* может финансироваться за счет комбинации государственных (бюджетных и/или международных) и частных средств. Программа может финансироваться из государственного бюджета в рамках среднесрочного прогноза расходов (СПР); таким образом, определены следующие виды финансовой поддержки:

- совместное финансирование субсидий;
- совместное финансирование вложений в основной капитал.

Гранты (безвозмездные субсидии) — это самая простая форма общественной поддержки, а также и самая удобная для государственного управления. Гранты также являются наиболее привлекательным источником финансирования с точки зрения заявителя. Гранты прозрачны и не требуют погашения получателем, хотя некоторые гранты могут включать в себя дополнительные условия (например, погашение гранта, если получатель использует грант для финансирования задач непредусмотренных контрактом или если проект не достигнет запланированной цели).

Основным недостатком грантов является «моральный риск», иногда связанный с «свободными деньгами». Поскольку гранты не дают бенефициарам достаточно стимулов для экономии средств, проекты, которые получают гранты, требуют специального мониторинга результатов.

Для поддержки инвестиций в форме акционерного капитала, государство покупает акции предприятия. Затем эти акции могут быть проданы с прибылью. Сложной задачей связанной с этим финансовым инструментом является выбор времени, когда государство решит продать свои акции. Правительство Казахстана уже имеет опыт инвестирования в акционерный капитал.

Частные капиталовложения поступят от частных операторов, которые могут вкладывать собственные средства, включая сбережения, текущие доходы/прибыль, финансовые средства могут быть также привлечены на рынках капитала, и рынке коммерческих кредитов. Тарифы за проезд являются основным источником доходов операторов. Учитывая социальный характер общественного автобусного транспорта, оптимальный уровень тарифов является важной частью этих обсуждений.

Тарифы за проезд

Плата за проезд используется для финансирования капитальных и оперативных затрат общественного транспорта. В большинстве стран система общественного транспорта приносит убытки, а это значит, что поступления от продажи проездных билетов не покрывают все расходы на предоставление транспортных услуг, и поэтому данные услуги субсидируются. Таким образом, услуги общественного транспорта, как правило, предоставляются государственными (муниципальными) компаниями.

В Казахстане почти все операторы общественного транспорта являются частными перевозчиками, за исключением четырех муниципальных компаний. Частные операторы предоставляют транспортные услуги с целью получения прибыли, таким образом, плата за проезд должна покрывать капитальные и эксплуатационные расходы. С другой стороны, пассажирские тарифы на общественном транспорте Казахстана относительно низкие, к тому же действует целый ряд скидок и освобождений. Как следствие, частные операторы предоставляют транспортные услуги очень низкого качества. Прежде всего, это выражается в использовании очень старых автобусов для перевозки пассажиров с целью минимизации капитальных затрат (и амортизации).

Повышение пассажирских тарифов теоретически можно использовать для совместного финансирования Программы *СРТ.* Анализ чувствительности касательно числа новых автобусов, которые можно купить при каждом повышении пассажирских тарифов на 10 тенге (0,03 долл. США), может дать много полезной информации. Информация о подобном анализе не предоставлена в данном документе, поскольку для оказания положительного воздействия на окружающую среду, важно, чтобы частный транспорт не выступал в качестве заменителя общественного транспорта. Повышение платы за проезд приводит к возникновению причинно-следственной связи с достаточно сильной отрицательной ценовой эластичностью. Кроме того, результаты анализа чувствительности зависят от местных обстоятельств, таких как длина автобусного маршрута и число пассажиров. Действующие тарифы на пассажирские перевозки в пилотных городах подробно описаны в Разделе 5 «Анализ рынка экологически чистого топлива и технологий».

Доли государственного и частного капитала в совместном финансировании Программы СРТ

Для оптимального использования государственных средств (оптимального уровня субсидий), которые могут быть использованы при софинансировании расходов на покупку новых автобусов, государственные средства не должны превышать ставки, указанные в Таблице 2.11, т.е. 48% финансирования покупки автобусов, работающих на КПГ или СНГ, и 81% для автобусов с двигателями, работающими на современных дизелях Евро-5 или 6. Строительство автозаправочных станций КПГ может поддерживаться на 100%, если количество автобусов работающих на КПГ ниже 100. Финансирование побочных инвестиций, связанных с улучшениями в городской транспортной системе, идет из городского бюджета.

Таблица 2.11. **Сводные данные об уровне государственной поддержки в рамках программы**

Программный пакет	Доля государственного финансирования	Доля частного финансирования
Автобусы, работающие на КПГ	48%	52%
Автобусы, работающие на СНГ	48%	52%
Автобусы, работающие на современном дизельном топливе (стандарт Евро-V и Евро-VI)	81%	19%
Газозаправочные станции для КПГ	100%, при закупке менее 100 автобусов, работающих на КПГ	100%, при закупке более 100 автобусов, работающих на КПГ
Пункты заправки СНГ	0%	Строительство финансируется частным сектором
Сопутствующие инвестиции	Выделяются из городских бюджетов	0%

Источник: ОЭСР Программа *СРТ*, модель *OPTIC*.

Доля государственного участия в финансировании рассчитывается с точки зрения оптимального уровня государственной поддержки, определяемого как размер субсидии, при которой чистая приведенная стоимость (ЧПС) предлагаемой инвестиции равна нулю, и измеряемого в процентах от общей стоимости инвестиционного проекта (более подробно см. Приложение В, Секция «Определение уровня субсидии»).

При определении уровня субсидирования учитываются предельные издержки на новые, экологически чистые автобусы (по сравнению со старыми моделями автобусов) и текущая цена единицы топлива. Модель *OPTIC* следит за тем, чтобы замена старых автобусов не привела к финансовым потерям оператора общественного транспорта; таким образом, социальная ставка дисконтирования на уровне 5% используется для определения чистой приведенной стоимости (ЧПС) типичного проекта (например, замена старых автобусов на автобусы, работающие на КПГ, СНГ или дизельные автобусы стандарта Евро-VI).

В контексте расчета оптимального уровня субсидирования следует упомянуть о двух важных моментах. Во-первых, следует отметить, что после модернизации автопарка у операторов общественного транспорта отпадет необходимость в замене автобусов в ближайшем будущем (а в случае продолжения эксплуатации старых автобусов, в частности автобусов со сроком службы более 15 лет, такая необходимость обязательно возникла бы). Таким образом, при расчете уровня субсидирования учитывается только разница в цене между современными экологически чистыми автобусами и традиционными автобусами.[7] Во-вторых, некоторые виды топлива будут стоить дешевле, чем дизельное топливо. К примеру, даже с учетом более высокого расхода топлива КПГ и СНГ стоят дешевле дизельного топлива. Следовательно, экономия средств при покупке топлива перевозчиками также учитывается при расчете уровня субсидирования.

На рисунках 2.6 и 2.7 показаны соотношения некоторых экономических переменных (цена покупки и стоимость топлива) которые необходимо учитывать при принятии финансовых решений для различных типов автобусов. Как видно на Рисунке 2.6, в то время как стоимость покупки (или первоначальных инвестиций) экологически чистых автобусов значительно выше, чем традиционных автобусов с дизельным двигателем, то в последствии затраты на топливо в течение всего срока эксплуатации машины будут намного ниже, что позволит значительно сэкономить средства.

Рисунок 2.6. **Соотношение между стоимостью покупки и расходами на топливо для дизельных автобусов и автобусов работающих на альтернативном топливе**

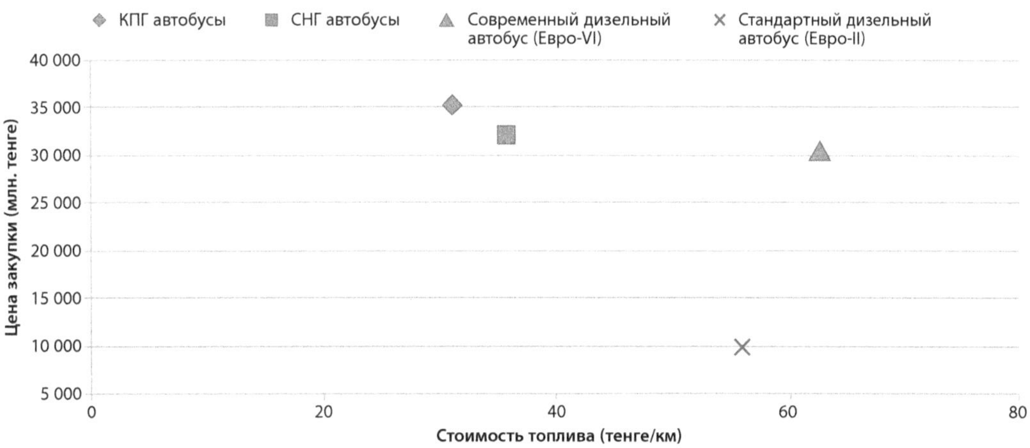

Источник: ОЭСР Программа *CPT*, модель *OPTIC*.

Рисунок 2.7. **Соотношение между расходом топлива и ценой на дизельное и альтернативное топливо**

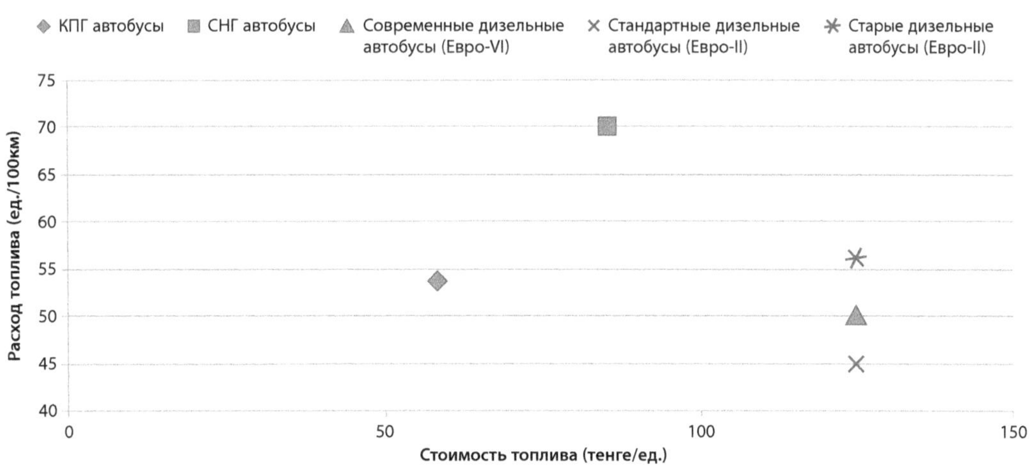

Источник: ОЭСР Программа *CPT*, модель *OPTIC*.

Аналогичным образом, на Рисунке 2.7 показано, что КПГ дешевле, чем старый дизель, и его расход на 1 000 км меньше, чем у старого дизеля (для точных значений расхода топлива, см. Таблицу В.1).

Очень важно отслеживать тенденции рынка (например, изменение цен на автобусы и топливо, развитие рынка новых типов двигателей, а также наличие альтернативных источников финансирования) и то, насколько они сочетаются с целями Программы *СРТ.* Подобные тенденции рынка должны соответствующим образом отражаться в программе и корректировке уровня субсидирования, предусмотренного государством. В Приложении В, секция «Расчет затрат по программе для Этапа 1 (пилотная фаза) и Этапа 2 (расширенного фаза)» приводится ориентировочный расчет оптимального уровня субсидирования с учетом текущих цен на автобусы и топливо (по состоянию на декабрь 2016 г.). Однако данные расчеты приведены скорее в качестве наглядного примера расчета уровня субсидирования, и их не следует воспринимать как абсолютные величины. Модель дает возможность вносить поправки и оптимизировать программные допущения и результаты путем изменения исходных данных по мере необходимости

На Рисунке 2.8 представлено общее сопоставление расходов по программе для частного и государственного секторов на пилотном этапе и двух сценариях второго (расширенного) этапа.

Рисунок 2.8. **Доля частного и государственного финансирования двух этапов программы**

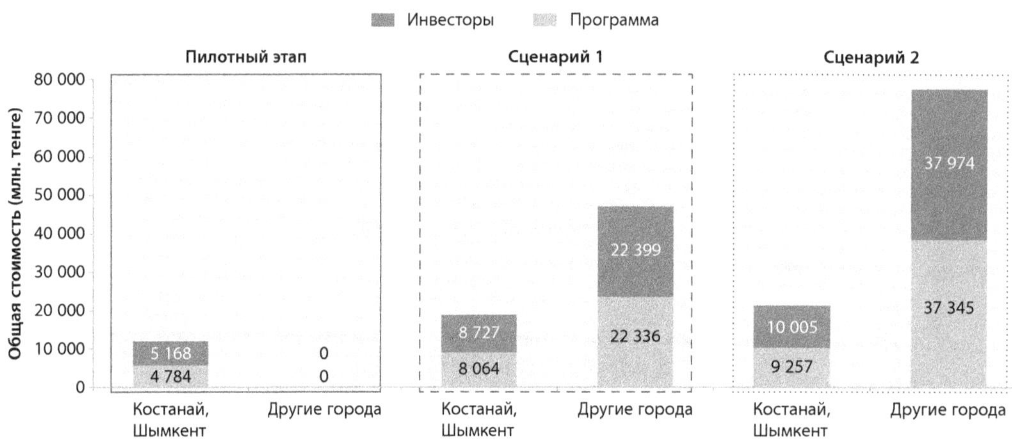

Источник: ОЭСР Программа *СРТ*, модель *OPTIC*.

Социальный аспект реализации программы

Реализация Программы *СРТ* будет иметь различные социальные аспекты (выгоды, связанные улучшением здоровье населения, здесь не обсуждаются). Непосредственно оснеовным прямым результатом реализации программы будет улучшение комфорта поездки для пассажиров. Замена старых (устаревших) дизельных автобусов на современные, обеспечит как лучшую надежность (бесперебойность) обслуживания, так и ряд других удобств в салоне, такие как: отопление и кондиционирование воздуха, информационное табло для пассажиров, автобус также будет более доступен для людей старшего возраста и инвалидов. Предполагается, что новые автобусы будут «низкопольными», что подразумевает наличие низкой посадочной платформы, которая будет доступной в шаге от тротуара с небольшой разницой высоты. На Рисунке 2.9 представлены прогнозы изменения «возрастной» структуры автобусного парка в результате реализации программы.

Рисунок 2.9. **Изменение возрастной структуры автобусного парка в Казахстане в результате реализации программы**

Источник: ОЭСР Программа *CPT*, модель *OPTIC*.

Реализация программы также будет способствовать увеличению занятости в результате увеличения спроса на новые автобусы. В настоящее время производство автобусов в Казахстане относительно небольшое. Например, ТОО «Daewoo Bus Kazakhstan» в настоящее время производит максимум 150 автобусов в год.

Реализация программы (особенно второго этапа) наряду с другими программами (например, программой Европейского банка реконструкции и развития (ЕБРР) по городскому транспорту в городе Алматы) может значительно увеличить спрос на новые отечественные автобусы. Для реализации Сценария 2 на втором этапе программы может потребоваться дополнительное производство более 500 новых современных автобусов в год. Предполагается, что необходимое количество новых автобусов составит 2 783 машины, то есть 556,6 машин в год (в течении 5 лет реализации Сценария). Таким образом, предположительно, производство увеличится на более менее 500 машин ежегодно.

По данным ТОО «Daewoo Bus Kazakhstan»,[8] которые были предоставлены ОЭСР, для дополнительного увеличения производства на 500 автобусов потребуется создание 130 новых рабочих мест, не считая увеличение управленческих расходов. Причина этого довольно скромного увеличения занятости — довольно проста — производственный процесс, в основном состоит из работ по сборке, чем фактически производства. На пример на «Solaris Bus & Coach S.A.» в настоящее время работает 2 300 человек производя 1 200 автобусов в год, дополнительно компания сотрудничает с 500 подрядчиками в своей сети продаж и обслуживания. Кроме того, в автомобильной промышленности косвенно занято в 5–8 раз больше человек, чем непосредственно рабочих на производстве (на пример фирмы поставщики).

Создавая спрос и условия для производства автобусов на дополнительно 500 автобусов в год, Программа *CPT* может стимулировать экономическое развитие и создание новых рабочих мест. Минимальный результат программы составит около 130 рабочих мест для простого производства/сборки. Если будет принято решение, что автобусы должны быть полностью произведены внутри страны, то прямая занятость увеличится на 600–800 новых рабочих мест. Если большая часть сети поставщиков для производителя автобусов будет внутренней, общее количество дополнительных рабочих мест может составлять тысячи, включая занятость на малых и средних предприятиях (МСП).

Типы приемлемых проектов и расходов

Типы приемлемых проектов и приемлемых затрат на их реализацию в рамках Программы *CPT* будут оговорены ниже. Приемлемые расходы строго привязаны к инвестиционным расходам по проекту в объеме, необходимом для достижения целей проекта. Общие инвестиционные расходы, не способствующие достижению целей проекта, должны быть исключены.

Приемлемые проекты включают инвестиции по замене автобусов с целью снижения загрязнения атмосферы выбросами от городского общественного транспорта, а также инвестиции в улучшение качества обслуживания пассажиров.

Приемлемые затраты на реализацию предложенного проекта включают в себя:

- Затраты на проведение исследований (технико-экономические обоснования/бизнес-планы), связанные с заменой автобусов и не превышающие 3 млн. тенге (9 тыс. долл. США) для одного города, финансируются на 100% за счет программы.
- Затраты на строительство газозаправочной станции на КПГ в связи с заменой старых автобусов на модели, работающие на КПГ. Однако государство будет участвовать в совместном финансировании строительства газозаправочной станции только в том случае, если число обслуживаемых автобусов, работающих на КПГ, будет меньше 100 единиц.
- Затраты на замену старых автобусов со сроком службы более 10 лет, используемых в качестве городского общественного транспорта в следующих населенных пунктах Республики Казахстан: Кокшетау, Актобе, Талдыкорган, Астана, Алматы, Атырау, Семей, Усть-Каменогорск, Тараз, Уральск, Караганда, Темиртау, Жезказган, Костанай, Рудный, Кызылорда, Павлодар, Экибастуз, Актау, Жанаозен, Петропавловск, Шымкент, Туркестан. Новые автобусы должны соответствовать следующим критериям:
  - длина автобуса должна составлять не менее 10 м (закупка микроавтобусов исключается);
  - двигатель автобуса должен работать на дизельном топливе Евро (5, 6), КПГ или СНГ;
  - дизельные двигатели должны иметь сертификат соответствия нормам токсичности выхлопных газов, эквивалентным стандарту Евро-V или Евро-VI. Кроме того, в городе должно иметься в наличии дизельное топливо с низким содержанием серы, а выгодополучатель обязан предоставить гарантию о том, что оборудование, обеспечивающее уменьшенный объем вредных выбросов, не будет демонтировано.
- Прочие затраты, включая строительство мастерской технического обслуживания и ремонта новых автобусов, допускаются только в том случае, если они

напрямую связаны с вышеперечисленными статьями затрат и не превышают 10% от суммарной стоимости замены автобусов.

- Дополнительные инвестиции в повышение качества услуг городского общественного транспорта, включая выделение отдельных дорожных полос для движения автобусов, внедрение современной системы продаж проездных билетов и «умных» светофоров, считаются приемлемыми, но финансируются полностью за счет бюджета соответствующего города.

Покупка земельных участков и прочие затраты, не указанные в перечне приемлемых затрат, не подлежат финансированию в рамках программы.

Типы приемлемых бенефициаров

Следующие типы бенефициаров имеют право на получение финансовой поддержки в рамках Программы *СРТ*:

- частные компании, которые в настоящее время занимаются пассажирскими перевозками в городах;
- муниципальные компании, которые в настоящее время занимаются пассажирскими перевозками в городах;
- администрации городов — для проведения соответствующих исследований;
- поставщики природного газа — газозаправочные станции для КПГ.

Критерии приемлемости проектов

Типы приемлемых проектов, затрат и бенефициаров (владельцев проектов) входят в число критериев отбора конкретных проектов, претендующих на получение государственной поддержки. Критерии приемлемости используются для проведения простой первичной оценки тех проектов, которые направлены на решение важнейших задач, предусмотренных Программой *СРТ*, и являются потенциальными претендентами на получение финансирования. Критерии приемлемости должны быть конкретными, простыми и четкими.

В данном разделе приводится перечень и описание минимальных критериев приемлемости (пороговые критерии/критерии отсева). Проекты, которые не соответствуют хотя бы одному из критериев на данном этапе, сразу же отклоняются. Проекты, которые успешно прошли оценку соответствия критериям приемлемости, но не содержат достаточной информации, возвращаются заявителю с просьбой предоставить дополнительные разъяснения (например, о структуре собственности). Предлагаемая форма (бланк) оценки соответствия критериям приемлемости представлена в Приложении D к данному отчету.

При отборе проектов могут применяться следующие критерии приемлемости:

1. Критерии, относящиеся к месту реализации проекта: ограничены городскими центрами.
2. Критерии, касающиеся типов приемлемых проектов:
   2.1. Предлагаемый тип проекта должен присутствовать в перечне приемлемых проектов.
   2.2. Все предлагаемые затраты на осуществление проекта должны присутствовать в перечне приемлемых затрат.

2.3. Автобусы, которые предлагается заменить, должны быть старше 10 лет.

2.4. Инвестиции в газозаправочную станцию для КПГ должны сопровождаться заменой старых автобусов на новые автобусы, работающие на КПГ.

3. Критерии, касающиеся типов приемлемых бенефициаров т.е. предложенный тип бенефициара должен присутствовать в перечне приемлемых бенефициаров.
4. Другие приемлемые критерия: существующие у городских властей инвестиционные планы по улучшению городской системы общественного транспорта.

Критерии оценки проекта

Как показывает практика, хорошо продуманная система оценки лежит в основе выбора наиболее рентабельных инвестиционных проектов, которые могут финансироваться за счет государственных ресурсов. Системы оценки и процедуры отбора должны быть адаптированы к размеру и степени сложности различных типов проектов. Применительно к инвестиционным проектам, таким как данный проект, рекомендуется использовать двухэтапную процедуру оценки. На первом этапе происходит отсев проектов, которые не соответствуют критериям приемлемости, а на втором этапе приемлемые проекты оцениваются и ранжируются для дальнейшего финансирования.

Все проекты, которые успешно прошли квалификационный отбор (предварительную оценку соответствия), тщательно изучаются (оцениваются) и ранжируются (каждому проекту выставляются баллы) в соответствии с набором критериев оценки и ранжирования. Проекты, получившие самые высокие баллы, в наибольшей степени способствуют достижению целей Программы *СРТ.* Затем ранжированные проекты — начиная с проектов, получивших самые высокие баллы — выбираются для совместного финансирования и дальнейшего осуществления исходя из объема денежных средств, имеющихся в распоряжении программы в определенный период времени. Предлагаемый бланк оценки проектов представлен в Приложении Е к данному отчету.

Для оценки проектов будут использоваться следующие критерии:

1. Подготовка проекта:
   - Разработанный бизнес-план по реализации проекта в городе;
2. Место реализации проекта:
   - автобусы, которые предлагается заменить, используются в городах с загрязненным воздухом (перечень приемлемых городов);
   - автобусы, которые предлагается заменить, используются исключительно в центре города (внесенного в перечень приемлемых городов);
   - автобусы, которые предлагается заменить, используются как в центре, так и в пригородах или окраинах города (внесенного в перечень приемлемых городов);
   - автобусы, которые предлагается заменить, используются для транспортного сообщения в городе и между городом и сельской местностью, расположенной за чертой города (внесенного в перечень приемлемых городов).

3. Тип проекта:
   - проекты по автобусам, работающим на КПГ, имеют наивысший приоритет;
   - проекты по автобусам, работающим на СНГ;
   - проекты по современным дизельным автобусам имеют самый низкий приоритет.[9]
4. Размер проекта:
   - замена более 200 автобусов;
   - замена 100–200 автобусов;
   - замена менее 100 автобусов.[10]
5. Предлагаемая система усовершенствований городского общественного транспорта:
   - протяженность выделенных полос для движения новых автобусов;
   - число светофоров, обеспечивающих приоритет общественного транспорта;
   - число автобусных остановок, оснащенных информационным табло с онлайн-графиком движения автобусов для пассажиров;
   - число новых автобусных остановок.
6. Экологическая эффективность: удельные затраты на уменьшение выбросов твердых частиц диаметром до 2,5 мкм (ТЧ 2,5).

Выводы для Программе СРТ

Вместе с партнерами по проекту были выделены следующие проекты, которые могут получить поддержку в рамках будущей инвестиционной программы. К ним относятся:

- Замена старого автобусного парка городских центров на современные автобусы, оснащенные двигателями, которые работают на следующих видах топлива:
  - компримированном природном газе (КПГ);
  - сжиженном нефтяном газе (СНГ);
  - дизельном топливе, при этом рассматривается возможность импорта/использования топлива стандарта Евро-5/6.

  Поскольку автобусный парк в Казахстане довольно старый, предлагаемые проекты предназначены для покупки новых автобусов, а не только модернизации двигателей на старых автобусах.
- Дополнительные инвестиции в повышение качества системы городского общественного транспорта (напр. выделение отдельных дорожных полос для движения автобусов, внедрение «умных» светофоров).

Четко определенные критерии отбора (с точки зрения типа проектов, бенефициаров и затрат по тем проектам, которые будут поддерживаться в рамках программы), и установление надежных критериев оценки проектов делая тем самым реализацию программы более прозрачной и эффективной.

Выводы для Программе *CPT*

Используя модель *OPTIC* были проведены расчеты стоимости программы, а также по ее результатам (сокращение выбросов загрязнителей воздуха и ПГ) для ее пилотного этапа. Затем были предложены два сценария второго этапа. Сценарий № 1 учитывает замену всех автобусов (без учета микроавтобусов), срок эксплуатации которых достигает 15 и более лет. Это будет означать замену 1 827 устаревших автобусов современными моделями, работающими на КПГ, СНГ или, возможно, оснащенные современными дизельными двигателями. Сценарий № 2 учитывает замену всех автобусов (без учета микроавтобусов), срок эксплуатации которых достигает 10 и более лет. Это связано с заменой 2 783 автобусов на современные транспортные средства работающие на экологически чистым топливе.

Было решено, что города Шымкент и Костанай послужат в качестве экспериментальных (пилотных) городов для внедрения транспорта работающего на КПГ и СНГ/дизельном топливе соответственно.

На основании методики оценки затрат на инвестиционную программу, можно установить оптимальный уровень субсидирования и определить ожидаемые экологические выгоды, тем самым сделать программу более надежной и более понятной как для национальных, так и международных доноров.

Задача поставленная при выборе проекта — оценить проект на основе четко определенных строгих критериев. Они позволяют руководителям программ сравнивать, ранжировать и выбирать проекты для финансирования. Эти критерии применяются ко всем без исключения (аналогичным) проектам, и могут помочь уменьшить дискреционное влияние руководства во время выбора отдельных проектов для финансирования.

Примечания

1. Как указано в подготовленном Правительством Казахстана в 2015 г. для климатической конференции в Париже документе «Предполагаемые определяемые на национальном уровне вклады» (GoK, 2015).
2. Используемый здесь «пакет проектов» представляет собой ряд проектов в данном секторе. Проекты эти были задуманы и разработаны для достижения целей инвестиционной программы. Таким образом, разработка проектов является повторяемой процедурой, согласно которой выявляются проекты соответствующие целям инвестиционной программы.
3. В Костанае уже работают несколько заправочных станций, предлагающих качественное топливо из Российской Федерации.
4. Несмотря на то, что население города составляет чуть меньше миллиона человек, во всей агломерации проживет более 1,4 миллиона жителей.

5. См. Раздел 5: Анализ рынка экологически чистого топлива и технологий. На сегодняшний день в Казахстане насчитывается 2 758 автобусов со сроком эксплуатации более 10 лет.

6. Рассчитывается следующим образом — (60 млдр. тенге минус 10 млдр. тенге на пилотный этап) деленное на 5 лет.

7. Учитывая факт, что большинство операторов общественного транспорта предпочитают покупать относительно новые но все-таки подержанные автобусы, цена на подержанные автобусы послужила базовой расчетной величиной.

8. Мы благодарны руководству ТОО «Daewoo Bus Kazakhstan» за предоставленную информацию.

9. В будущем дизельные автобусы могут иметь более высокий приоритет, это произойдет в том случае, если Казахстан введет стандарты чистого топлива и строгие ограничения по загрязнению воздуха для дизельных двигателей.

10. Система оценки должна присуждать меньшее число пунктов проектам связанным с внедрением автобусов работающих на КПГ так как газозаправочные станции КПГ коммерчески невыгодны (менее, чем для 100 автобусов работающих на КПГ).

Ссылки

Franco, V. et al. (2014), *Real-World Exhaust Emissions from Modern Diesel Cars. A Meta-Analysis of Pems Emissions Data from EU (Euro 6) and US (Tier 2 Bin 5/Ulev II) Diesel Passenger Cars*, International Council on Clean Transportation, Berlin. https://www.theicct.org/sites/default/files/publications/ICCT_PEMS-study_diesel-cars_20141010.pdf.

GoK (2015), *Intended Nationally Determined Contribution — Submission of the Republic of Kazakhstan*, Government of the Republic of Kazakhstan, Astana. http://www4.unfccc.int/submissions/INDC/Published%20Documents/Kazakhstan/1/INDC%20Kz_eng.pdf.

Раздел 3

Обзор макроэкономической и экологической ситуации

В этой главе коротко описаны основные демографические, макроэкономические и экологические проблемы в Казахстане в особенности для транспортного сектора. В ней также характеризуется система городского общественного транспорта страны, уровень выбросов парниковых газов и загрязнения воздуха в основных городах Казахстана. В конце перечислены основные риски для здоровья, связанные с основными загрязнителями воздуха. Эти факты является частью обоснования необходимости государственной поддержки инвестиций в транспортный сектор.

Демографическая и макроэкономическая ситуация

В Республике Казахстан на территории площадью 2,7 млн. км^2 проживает приблизительно 17 млн. человек. Пятьдесят три процента населения проживают в городах. В 2000–2013 гг. в Казахстане наблюдался естественный прирост населения на 12,6%. С точки зрения увеличения численности населения, в 2013 году Казахстан занял второе место среди стран Восточной Европы, Кавказа и Центральной Азии (ВЕКЦА) после Узбекистана.

Рисунок 3.1. **Естественный прирост населения в отдельных странах ВЕКЦА**

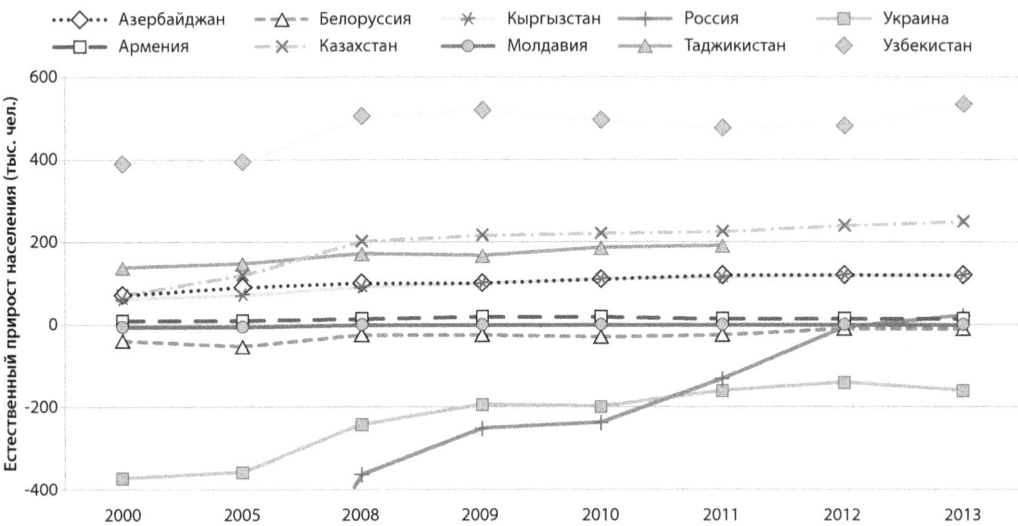

Источник: СНГ (2014).

Примечание: Грузия и Туркменистан не включены в график.

После обретения независимости в 1991 году экономика Казахстана менее чем за два десятилетия перешла от уровня доходов ниже среднего до доходов выше среднего, начиная в 2006 году. Начиная с 2002 года ВВП на душу населения увеличился в шесть раз, а уровень бедности резко сократился. В 2015 году валовой внутренний продукт (ВВП) оценивался в 173 млрд. долл. США, а прирост ВВП в 2015 году составлял 1,2%. Прирост ВВП замедлился: в 2014 и 2013 году эти цифры составляли, соответственно, 4,3% и 6%. Как показано на Рисунке 3.2, ВВП Казахстана на душу населения за последнее десятилетие пережил как взлеты так и падения. За восстановлением экономики в начале 2000-х годов последовало замедление, вызванное главным образом глобальным экономическим и финансовым кризисом. В настоящее время основной задачей краткосрочной экономической политики Казахстана является адаптация к новым экономическим реальностям медленного роста (по сравнению с началом предыдущего десятилетия) и возможного снижения доходов в ближайшем будущем.

ВВП создается главным образом за счет услуг (62,5%), за которыми следуют промышленность (32,5%) и сельское хозяйство (5%). В 2015 году Казахстан занимал пятнадцатое место в мире по добыче сырой нефти объемом 1,65 млн. баррелей в сутки. При этом Казахстан является одним из крупнейших (в 2013 году — девятым) экспортеров сырой нефти, экспортирующим 1,47 млн. баррелей в сутки. Разведанные запасы нефти страны в объеме 30 млрд. баррелей являются двенадцатыми крупнейшими запасами в мире. Казахстан занимает 32е место по добыче природного газа (в 2014 году — 20,8 млрд. $м^3$) и 19е место по его экспорту (11,54 млрд. $м^3$). Его разведанные запасы природного газа (2,41 трлн. $м^3$) являются 15ми крупнейшими запасами в мире. В 2015 году добыча углеводородов составила почти 18% ВВП и около 60% экспорта.

Рисунок 3.2. **Развитие ВВП на душу населения в Казахстане**

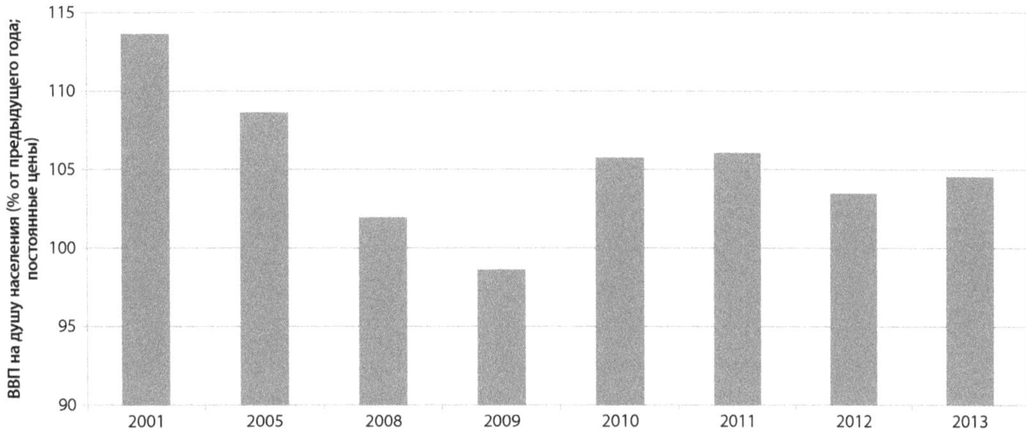

Источник: СНГ (2014).

В 2015 году занятость обеспечивалась главным образом за счет сектора услуг (62,3%), сельского хозяйства (25,8%) и промышленности (11,9%). Уровень безработицы был низким и составлял 5%. Лишь 5% населения живут за чертой бедности.

Доходы государственного бюджета в 2015 году составляли 34,4 млрд. долл. США, расходы — 37,1 млрд. долл. США. Дефицит бюджета как процентная доля ВВП был низким и составлял 1,5%. Государственный долг как процентная доля ВВП резко увеличился с 14,8% в 2014 году до 24,1% в 2015 году. Вместе с тем, эти цифры значительно ниже уровней, которые вызывали бы озабоченность в связи с тем, что они причинят вред инвестиционному потенциалу страны и ее способности выполнять долговые обязательства.

Экономический бум начала 2000-х годов в Казахстане оказал существенное влияние также и на рост транспортно-логистической отрасли в стране. Увеличение транзитных перевозок еще более укрепило транспортную отрасль (например, в связи с более интенсивным сотрудничеством между Российской Федерацией и Китаем) или внедрение государственных инвестиционных программ (например, Программа «Нурлы Жол»). Сектор внутренних перевозок Казахстана занимает второе место после Российской Федерации в Содружестве Независимых Государств (СНГ) по количеству перевезенных пассажиров с 2010 года (Рисунок 3.3).

Объем грузоперевозок в Казахстане вырос с 1,2 млрд. т в 2000 году до 3,3 млрд. т в 2013 году. Для сравнения, грузоперевозки Белоруссии и Азербайджана численность население которых вместе сравнимы с Казахстаном, в 2013 году составили всего 0,5 млрд. т (Рисунок 3.4).

Рисунок 3.3. **Перевозки пассажиров предприятиями транспорта в Казахстане**

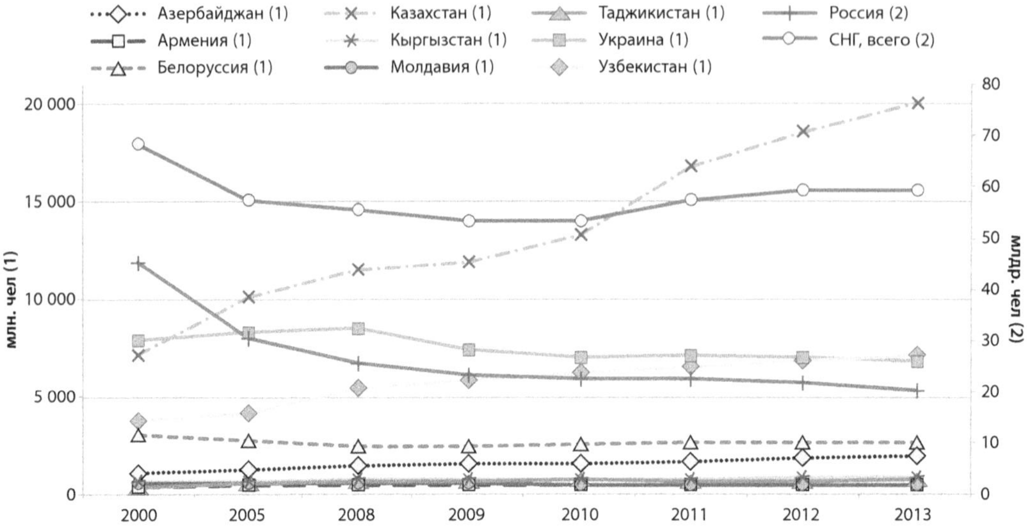

Источник: СНГ (2014).

Рисунок 3.4. **Перевозки грузов предприятиями транспорта в Казахстане, за исключением транспортировки трубопроводами**

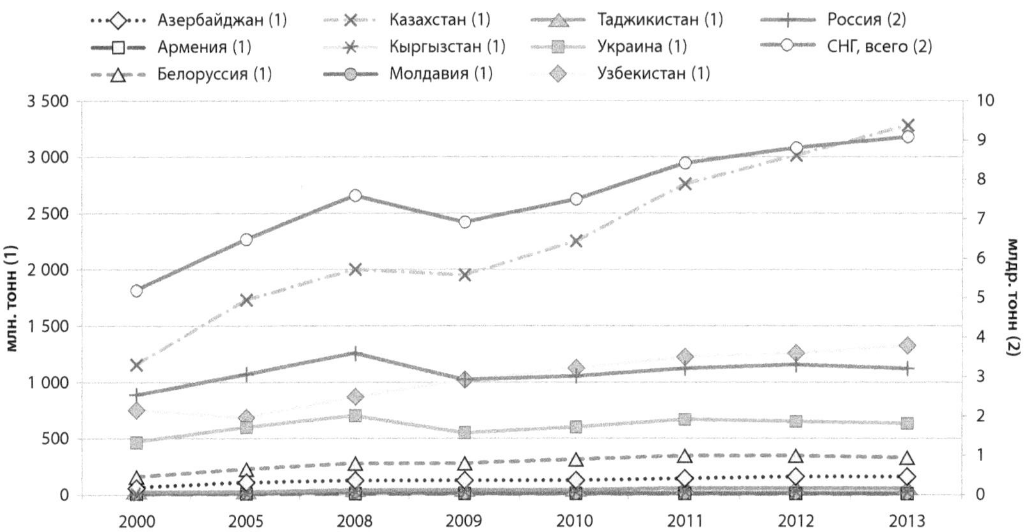

Источник: СНГ (2014).

В то время как перевозка грузов выполняется преимущественно частными перевозчиками, пассажирские перевозки включают в себя как частный, так и общественный транспорт. Таким образом, можно было бы утверждать, что общественный транспорт (включая городские и междугородние перевозки) гораздо менее вреден в плане выбросов парниковых газов (ПГ) и загрязнения воздуха. С другой стороны, грузовые перевозки и, в определенной мере, частные пассажирские перевозки — это, в основном, перевозка на большие расстояния (например, природных ресурсов в грузе), общественный транспорт более сконцентрирован в городских районах и поэтому имеет более непосредственное воздействие на здоровье человека (см. конец Раздела 3).

Система городского общественного транспорта в Казахстане

В рамках данного исследования был проведен анализ городского общественного транспорта в городах с населением более 100 тыс. человек. По состоянию на первое полугодие 2016 года в системах городского общественного транспорта Казахстана действовало 185 поставщиков услуг перевозок, в том числе четыре предприятия коммунального обслуживания. Совокупный автобусный парк насчитывает 12 314 автобусов, в том числе 3 555 микроавтобусов (около 29% всего автопарка). Из них 6 258 принадлежат поставщикам услуг перевозок, а остальные 6 056 взяты в лизинг или аренду. Срок эксплуатации почти одной третьи автобусов (31%) составляет 10 лет или больше (Рисунок 3.5.).

В анализируемом автопарке Казахстана более чем три четверти автобусов (76%) оснащены дизельным двигателем, автобусов работающих на компримированном природном газе (КПГ), и автобусов с бензиновыми двигателями (по 10% каждый), тогда как сжиженный нефтяной газ (СНГ) используется в качестве топлива только на одном из 25 автобусов (4%) (Рисунок 3.6).

Рисунок 3.5. **Структура автопарка общественного транспорта с учетом сроков эксплуатации (количество транспортных средств и % от общего кол-ва)**

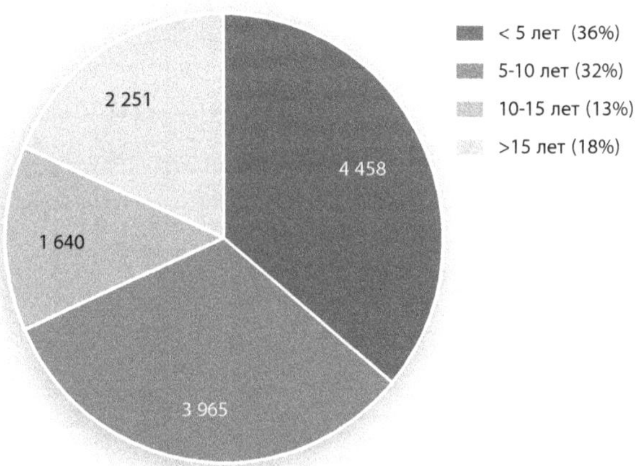

Источник: Данные, собранные ОЭСР от акиматов областей.

Рисунок 3.6. **Структура автопарка общественного транспорта по типам используемого топлива (количество транспортных средств и % от общего кол-ва)**

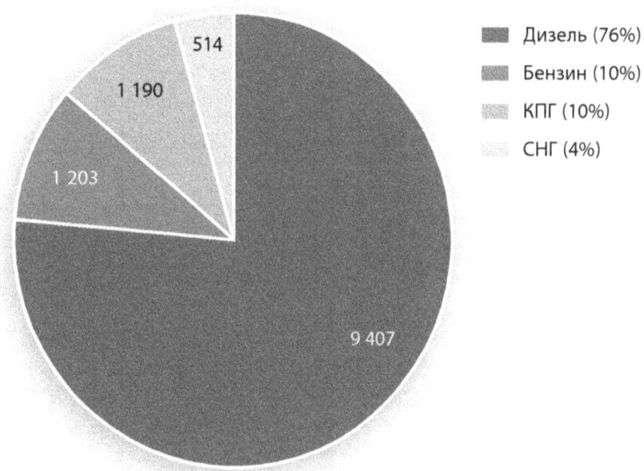

Источник: Данные, собранные ОЭСР от акиматов областей.

В Таблице 3.1 обобщаются имеющиеся данные по автотранспортному парку отдельных городов Республики Казахстан. В ней выделены пилотные города Костанай и Шымкент. Костанай выбран в связи с преобладанием в его парке старых автобусов, работающих на дизельном топливе. С другой стороны, в Шымкенте насчитывается большое число автобусов, работающих на дизельном топливе, срок службы которых приближается к 10-летнему пороговому уровню.

Таблица 3.1. **Парк общественного транспорта РК в разбивке по сроку эксплуатации и типам топлива (без электротранспорта)**

`Область	Город	Насел. ('000)	Число поставщиков		Автобусы												
						Форма собственности		Размер		Срок службы				Топливо			
			Част.	Гос.	Всего	В собств.	Лизинг	Микро	Крупные	>15 лет	10-15 лет	5-10 лет	< 5 лет	Дизельное	Бензин	КПГ	СНГ
Акмолинская	Кокшетау	159,8	4	0	200	127	73	10	190	55 (27,5%)	82 (41%)	52 (26%)	11 (5,5%)	114 (57%)	72 (36%)	0	4 (2%)
Актюбинская	Актобе	397,5	2	0	552	531	21	21	531	6 (1%)	69 (12,5%)	324 (58,6%)	153 (27,7%)	443 (80,2%)	25 (4,5%)	0	84 (15,2%)
Алматинская	Алматы	1 700	18	0	1605	815	790			163 (10,2%)	205 (12,8%)	327 (20,4%)	910 (56,7%)[а]	868 (54,1%)	0	737 (45,9%)	0
	Талдыкорган	140,6	7	0	262	24	238			0	9 (3,4%)	87 (33,2%)	166 (63,3%)	262 (100%)			
город Астана	Астана	872,6	8	1	1 119	962	157	53	1 066	117 (10,4%)	162 (14,4%)	351 (31,3%)	489 (43,6%)	1,119 (100%)			
Атырауская	Атырау	226,1	11	0	234	95	139	91	143	0	56 (23,9%)	90 (38,4%)	88 (37,6%)	143 (61,1%)	50 (21,3%)	41 (17,5%)	
Восточно-Казахстанская	Семей	318	6	0	635	110	525	553	82	48 (7,5%)	135 (21,2%)	93 (14,6%)	359 (56,5%)	535 (84,2%)	100 (15,7%)	0	0
	Усть-Каменогорск	321,5	10	0	814[б]	383	431	306	468	255 (31,3%)[в]	151 (18,5%)	314 (38,5%)	94 (11,5%)	632 (77,6%)	182 (22,3%)	0	4 (2%)
Карагандинская	Караганда	497,8	9	0	964	715	249	475	489	333 (34,5%)	30 (3,1%)	222 (23%)	379 (39,3%)	961 (99,6%)	3 (0,4%)	0	0
	Темиртау	178,3	9	0	245[г]	131	114	6	201	16 (6,5%)[д]	8 (3,2%)	146 (59,5%)	75 (30,6%)	116 (47,3%)	126 (51,4%)	0	3 (1,2%)
	Джезказган	86,7	10	0	72	72	0	0	72	19 (26,3%)	23 (31,9%)	25 (34,7%)	5 (6,9%)	42 (58,3%)	20 (27,7%)	0	10 (13,8%)
Костанайская	**Костанай**	**231,9**	**9**	**0**	**427**	**296**	**131**	**8**	**419**	**421 (98,5%)**	**0**	**0**	**6 (1,4%)**	**427 (100%)**	**0**	**0**	**0**
	Рудный	115,9	3	0	158	149	9		158	146 (92,4%)	4 (2,5%)	5 (3,1%)	3 (1,8%)	121 (76,5%)	7 (4,4%)	30 (18,9%)	0
Кызылординская	Кызылорда	227,4	0	1	759	70	689	368	391	326 (42,9%)	140 (18,4%)	223 (29,3%)	70 (9,2%)	432 (56,9%)	152 (20%)	105 (13,8%)	70 (9,2%)
Мангыстауская	Актау	183,2	3	0	66	27	39	0	66	0	0	38 (57,5%)	28 (42,5%)	66 (100%)	0	0	0
	Жанаозен	113,3	3	0	93	5	88	82	11	10 (10,7%)	10 (10,7%)	62 (66,6%)	11 (11,8%)	93 (100%)	0	0	0

Таблица 3.1. **Парк общественного транспорта РК в разбивке по сроку эксплуатации и типам топлива (без электротранспорта)** *(продолжение)*

`Область	Город	Насел. ('000)	Число пост-авщиков		Автобусы												
						Форма собственности		Размер		Срок службы				Топливо			
			Част.	Гос.	Всего	В собств.	Лизинг	Микро	Круп-ные	>15 лет	10-15 лет	5-10 лет	< 5 лет	Дизельное	Бензин	КПГ	СНГ
Северо-Казахстан-ская	Петропавловск	215,3	11	0	346	218	128	182	164	197 (56,9%)	59 (17%)	75 (21,6%)	197 (56,9%)	231 (66,7%)	87 (25,1%)	0	26 (7,5%)
Павлодар-ская	Павлодар	335,2	7	2	516[e]	197	319	332	73	106 (20,5%) *	63 (12,2%)	196 (37,9%)	151 (29,2%)	516 (100%)	0	0	0
	Экибастуз	134	3	0	55	55	0	0	55	17 (30,9%)	10 (18,1%)	4 (7,2%)	24 (43,6%)	55 (100%)	0	0	0
Южно-Казахстан-ская	**Шымкент**	**885,7**	**29**	**0**	**1685**	**552**	**1133**	**492**	**1 193**	**61 (3,6%)**	**117 (6,9%)**	**880 (52,2%)**	**627 (37,2%)**	**1385 (82,1%)**	**0**	**200 (11,8%)**	**100 (5,9%)**
	Туркестан	159,6	1	0	300	90	210	250	50	50 (16,6%)	120 (40%)	85 (28,3%)	45 (15%)	200 (66,6%)	0	100 (33,3%)	0
Западно-Казахстан-ская	Уральск	232,4	7	0	675	219	456	269	406	56 (8,2%)	134 (19,8%)	238 (35,2%)	247 (36,5%)	317 (46,9%)	139 (20,5%)	219 (32,4%)	0
Жамбыл-ская	Тараз	362,9	11	0	652	491	161	57	595	41 (6,2%)	93 (14,2%)	167 (25,6%)	351 (53,8%)	366 (56,1%)	230 (35,2%)	0	56 (8,5%)

Источник: Данные, собранные ОЭСР от акиматов областей.

Заметки: а. Средний период эксплуатации троллейбусов составляет 5 лет.

б. Средний период работы трамваев составляет 30 лет.

в. Включая 40 трамваев.

г. Средний период работы трамваев составляет 28 лет.

д. Включая 38 трамваев.

е. Включая 111 трамваев.

ж. Средний период работы трамваев составляет 28 лет.

Загрязнение воздуха в Казахстане и выбросы парниковых газов

Выбросы парниковых газов

Согласно информации, представленной Республикой Казахстан в Рамочной конвенции ООН об изменении климата (РКИК ООН) (UNFCCC, 2016), в 2014 году совокупные выбросы ПГ без учета сектора землепользования, изменения землепользования и лесного хозяйства (ЗИЗЛХ) составляли 313,8 млн. тонн CO_2-эквивалента, с учетом сектора ЗИЗЛХ (чистый совокупный объем выбросов) — 338,7 млн. тонн CO_2-эквивалента. В базовом 1990 году общие выбросы ПГ без учета сектора ЗИЗЛХ составляли 389,6 млн. тонн CO_2-эквивалента, с учетом сектора ЗИЗЛХ (чистый совокупный объем выбросов) — 373,3 млн. тонн CO_2-эквивалента.

Несмотря на значительное увеличение с 1998 года общих выбросов ПГ, в 2014 году совокупные выбросы ПГ составляли только 80,5% (без учета сектора ЗИЗЛХ) совокупных выбросов базового 1990 года (Рисунок 3.7). С учетом добровольных обязательств Казахстана удерживать выбросы ПГ в 2020 году на уровне не менее 15% ниже уровня базового года, и поэтому оставаясь в пределах целевого диапазона, выбросы ПГ могут увеличиться на величину до 5,5% по сравнению с текущим уровнем.

Рисунок 3.7. **Категории транспорта и их доля в общим объеме выбросов парниковых газов в Казахстане**

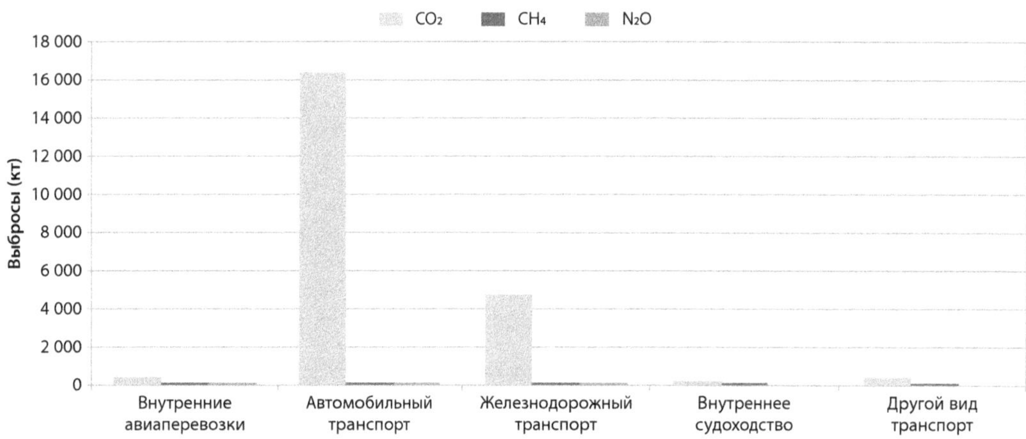

Источник: По материалам Национального кадастра РКИК ООН (UNFCCC, 2016).

На долю энергетики приходится большая часть (82,1%) от общего объема выбросов: 257,8 млн. тонн CO_2-эквивалента. Выбросы транспортного сектора включены в общий объем выбросов энергетического сектора. Остальной объем составляют выбросы промышленного сектора, сельского хозяйства, сектора управление отходами, а также ЗИЗЛХ.

Так, в 2014 году выбросы парниковых газов транспортного сектора составляли 21,6 млн. тонн CO_2-эквивалента (8,4% выбросов ПГ энергетики). В них учтены выбросы в 2014 году автотранспортного сектора в объеме 19,1 млн. тонн CO_2-эквивалента, или 88% выбросов ПГ транспортного сектора. В связи с этим автомобильному транспорту должно уделяться основное внимание при решении вопроса выбросов ПГ.

В период с 1990 по 1999 годы совокупные выбросы парниковых газов сектора дорожного транспорта интенсивно снижались, главным образом по причине глубокого экономического кризиса, который в то время переживала страна (Рисунок 3.8). После 1999 года выбросы неуклонно возрастали и в 2007 году почти достигли уровня 1990 года. В 2013 году выбросы CO_2-эквивалента несколько снизились из-за сокращения потребления топлива в республике, хотя число транспортных средств за тот же период незначительно увеличилось. В 2014 году объем выбросов ПГ в секторе «Автотранспорт» увеличился по сравнению с 2013 годом на 2 млн. т выбросов CO_2-эквивалента. Меняющиеся условия на внутреннем автомобильном рынке, а также удешевление автомобилей в Российской Федерации (и их перепродажа в Казахстане) привели к существенному росту числа автомобилей в 2014 году.

Рисунок 3.8. **Выбросы парниковых газов автотранспортными средствами в Казахстане в 1990–2014 годы**

Источник: UNFCCC (2016).

Статистика по выбросам парниковых газов в разбивке по городам отсутствует, поскольку сбор данных о выбросах осуществляется по предприятиям без указания места выбросов.

Загрязнение воздуха в городах Республики Казахстан

Анализ загрязнения воздуха в городах Казахстана проводится с использованием данных из информационного бюллетеня о состоянии окружающей среды за 2015 год, подготовленные Национальной Гидрометеорологической службой Казахстана РГП «Казгидромет», которое ведет наблюдение состояния воздуха в разрезе 25 загрязняющих веществ (Казгидромет & МЭ, 2016). РГП «Казгидромет» оценивает загрязнение воздуха в течение года с использованием следующих индикаторов качества воздуха (см. Вставка 3.1).

Степень загрязнения атмосферы характеризуется стандартными градациями показателей СИ, НП и ИЗА (Таблица 3.2). Если ИЗА, СИ и НП попадают в разные градации, то степень загрязнения атмосферы оценивается по ИЗА.[1]

Вставка 3.1. **Оценка качества воздуха**

Степень загрязнения атмосферного воздуха по типам загрязнения оценивается путем сопоставления фактической концентрации загрязняющего вещества с его предельно допустимой концентрацией (ПДК в мг/м^3 или мкг/м^3):

- *Стандартный индекс загрязнения (СИ)* — наибольшая измеренная в городе максимальная разовая концентрация любого загрязняющего вещества, деленная на ПДК;
- *Наибольшая повторяемость (НП)*, % превышения ПДК — наибольшая повторяемость превышения ПДК любым загрязняющим веществом;
- *Индекс загрязнения атмосферы (ИЗА)* — для его расчета используются средние значения концентраций различных загрязняющих веществ, деленные на ПДК и приведенные к вредности диоксида серы.

Источник: Казгидромет & МЭ (2016).

Таблица 3.2. **Индексы загрязнения атмосферы**

Степень			
Градации	Загрязнение атмосферы	Показатели загрязнения атмосферы	Оценки за год
I	Низкое	СИ НП, % ИЗА	0–1 0 0–4
II	Повышенное	СИ НП, % ИЗА	2–4 1–19 5–6
III	Высокое	СИ НП, % ИЗА	5–10 20–49 7–13
IV	Очень высокое	СИ НП, % ИЗА	> 10 > 50 ≥ 14

Источник: Казгидромет & МЭ (2016).

Степень загрязнения воздуха в городах Казахстана оценивается по трем показателям загрязнения воздуха: СИ, НП и ИЗА. В соответствии с градацией показателя ИЗА насчитывается 14 городов с низким уровнем загрязнения, три города с повышенным загрязнением и пять городов, а именно Усть-Каменогорск, Алматы, Жезказган, Шымкент, Караганда и Темиртау, с высоким уровнем загрязнения.

По данным Министерства энергетики Казахстана и Национальной гидрометеорологической службы Казахстана (Казгидромет & МЭ, 2016), к городам, в которых одним из факторов загрязнения воздуха является автотранспорт, относятся Астана, Алматы и Караганда.

Характеристика загрязнения воздуха в городах Казахстана представлена по следующим основным показателям концентрации загрязняющих веществ:

- частота превышения Предельно допустимой концентрации (ПДК) средней концентрацией примеси;

- наличие 500 и более случаев превышения ПДК примеси;
- наличие 30 и более случаев 5-кратного превышения ПДК примеси;
- наличие 1 и более случаев 10-кратного превышения ПДК примеси.

Таблица 3.3. **Уровень загрязнения атмосферы в крупных городах Казахстана в 2015 г.**

№	Город	СИ (уровень по градации загрязнения)	НП, %	ИЗА	ТЧ	NO_x	Прочее (CO, SO_2)
					Превышение ПДК — среднегодовая концентрация		
					Превышение ПДК — число случаев		
1	Жанаозен	2,2 (II)	12,8 (II)	1,4 (I)	-	-	-
					-	-	-
2	Кокшетау	2,8 (II)	14,6 (II)	2,5 (I)	ТЧ — в 1,9-раз	-	-
					-	NO_2 — 604 случая	-
3	Уральск	4,1 (II)	25,4 (III)	1,4 (I)	-	-	-
					ТЧ — 4 326 случаев	NO_2 — 558 случаев	-
4	Туркестан	6,7 (III)	72,2 (IV)	0,9 (I)	ТЧ — в 2,5-раза	-	-
					ТЧ — 3 767 случаев	-	CO — в 5-раз (30 случаев)
5	Павлодар	6,8 (III)	71,9 (IV)	4,3 (II)	ТЧ — в 1,5-раза	-	-
					-	NO_2 — 2 223 случаев	-
6	Петропавловск	9,3 (III)	7,4 (II)	3,4 (I)	-	-	-
					-	-	-
7	Кызылорда	9,99 (III/IV)	1,4 (II)	3,4 (I)	-	NO_2 — в 1,2-раза	SO_2 — в 1,6 раза
					-	-	-
8	Астана	10,2 (III/IV)	44,2 (III)	4,2 (I)	ТЧ — в 1,5-раа	NO_2 — в 1,9-раза	-
					-	NO_2 — 757 случаев и в 10-раз (2 случая)	-
9	Атырау	10,3 (III/IV)	13,5 (II)	4,1 (I)	ТЧ — в 1,3-раза	-	-
					-	-	CO — в 5-раз (257 случаев)
10	Талдыкорган	17,3 (IV)	98,7 (IV)	3,6 (I)	ТЧ — в 4-раза	-	-
					ТЧ — 4 326 случаев	NO_2 — 2 160 случаев	-
11	***Костанай***	***18,5 (IV)***	***45,4 (III)***	***3,9 (I)***	***ТЧ 10 — в 1,4 раза***	***NO_2 — в 2,5 раза***	**-**
					-	***NO_2 — 2 754 случаев NO — 6 764 случаев и в 5 раз — (70 случаев)***	***SO_2 — в 5 раз (50 случаев) и в 10 раз (3 случая); CO — 25 случаев***
12	Актау	20,4 (IV)	75,3 (IV)	4 (I)	ТЧ — в 1,2-раза	-	-
					ТЧ — 655 случаев и в 10 раз (2 случаев); ТЧ 10 — 1 случаев	-	-
13	Актобе	29,9 (IV)	47,9 (III)	3,3 (I)	-	-	-
					-	NO_2 — 763 случаев	-
14	Тараз	7,6 (III)	50,6 (IV)	5,5 (II)	ТЧ — в 1,1-раз	NO_2 — 1,5-раза	-
					-	NO_2 — 2 077 случаев	CO — в 5-раз (37 случаев)

Таблица 3.3. **Уровень загрязнения атмосферы в крупных городах Казахстана в 2015 г.** *(продолжение)*

№	Город	СИ (уровень по градации загрязне-ния)	НП, %	ИЗА	ТЧ	NO_x	Прочее (CO, SO_2)
					Превышение ПДК — среднегодовая концентрация		
					Превышение ПДК — число случаев		
15	Семей	8,6 (III)	21,4 (III)	5,8 (II)	-	-	-
					-	-	-
16	Экибастуз	10 (III/IV)	42,7 (III)	5,1 (II)	ТЧ — в 1,1-раз	-	-
					-	-	SO_2 — в 5-раз (500 случаев) и в 10-раз (12 случаев)
17	Усть-Каменогорск	6 (III)	52,1 (IV)	7 (III)	ТЧ — в 4-раза	NO_2 — в 1,2-раза	SO_2 — в 1,6-раз
					ТЧ — 4 326 случаев	-	CO — 790 случаев
18	Алматы	8,7 (III)	47,8 (III)	7,6 (III)	ТЧ — 1,2-раза	NO_2 — 2,6-раз	-
					-	NO_2 — 10 118 случаев и в 5-раз (83 случаев)	-
19	Жезказган	9,98 (III)	19,6 (II)	7,5 (III)	ТЧ — 1,9-раз	-	-
					-	-	-
20	***Шымкент***	***17,3 (IV)***	***43,9 (III)***	***8,1 (III)***	***ТЧ — в 1,6-раз***	***NO_2 — в 1,1-раза***	-
					ТЧ 10 — 968 случаев и в 10-раз (1 случай)	***NO_2 — 10 118 случаев и в 5-раз (83 случая)***	***SO_2 — 5-кратно — 32 случаев NO_2 — 5-кратно — 83 случаев***
21	Темиртау	20,4 (IV)	27 (III)	7,9 (III)	ТЧ — в 2-раза	-	-
					-	NO_2 — 612 случаев	-
22	Караганда	25,6 (IV)	31,6 (III)	9,6 (III)	ТЧ 10 — в 1,7-раза	-	-
					ТЧ — 10-кратно– 3 случая; ТЧ 10 — 1 100 случая; ТЧ 2,5 — 2 289 случая и в 5-раз (131 случая)	-	-

Источник: Казгидромет & МЭ (2016).

Анализ данных о загрязнении воздуха в городах Республики Казахстан служит обоснованием для программы сокращения загрязнения воздуха в городах. Замена устаревших автобусов современными автобусами, работающими на дизельном топливе или природном газе, позволит сократить загрязнение твердыми частицами, а также NO_x и SO_2. Повышенное загрязнение атмосферы создает риск смертности, особенно лиц старше 65 лет (Pope, 1995) (Вставка 3.2). Программа обоснована с точки зрения охраны здоровья населения.

Влияние на здоровье человека загрязненной дизельными выхлопами атмосферы

Дизельные двигатели, особенно старые, приводят к загрязнению воздуха, и тем самым представляют серьезную угрозу для окружающей среды и здоровья человека. Выхлоп дизельного топлива является канцерогеном первой группы, вызывающим рак легких и тесно связан с раком мочевого пузыря. Первая группа категории используется в случае, когда имеются достаточно данных о канцерогенности у людей.

Во Вставке 3.2 представлены загрязняющие вещества выбрасываемые в атмосферу дизельными двигателями — диоксид углерода (CO_2), оксид углерода (CO), оксид азота (NO_x), двуокись серы (SO_2) и твердые частицы (ТЧ).

Вставка 3.2. **Выбросы дизельных двигателей**

Диоксид углерода (CO_2) — CO_2 является парниковым газом и не токсичен однако способствует изменению климата.

Окись углерода (CO) — CO является временным атмосферным загрязнителем в некоторых частях города, главным образом из-за выхлопов двигателей внутреннего сгорания. При вдохе окись углерода проникает в кровеносную систему посредством газообмена в легких. Является токсичным при концентрациях выше 35 *ppm*.

Оксид азота (No_x) — собирательное название оксидов азота NO и NO_2. Образуется в процессе горения, особенно в высоких температурах. Вследствие реакции фотолиза солнечным светом является основным источником тропосферного озона. NO_x может вступить в реакцию с водой, и образовать азотную кислоту, которая в почве, образует нитрат, используемый в качестве удобрения. В сочетании с другими загрязняющими веществами NO_x является источником смога в городах. Высокие концентрации двуокиси азота вредны для здоровья, поскольку вызывают воспаление дыхательных путей.

Двуокись серы (SO_2) — загрязнение (SO_2) в основном зависит от качества дизельного топлива. Если в топливе содержится больше серы, дизельный выхлоп будет содержать больше SO_2. Выбросы двуокиси серы являются источником кислотных дождей и частиц в атмосфере. Вдыхание диоксида серы приводит с обострению респираторных симптомов и заболеваниями связанными с затрудненным дыханием.

Твердые частицы (ТЧ) — основным загрязнением, отрицательно влияющим на здоровье населения является загрязнение твердыми частицами (2,5 и 10). Причина заключается в том, что эти частицы настолько малы, что могут попасть в глубокие области легких. Загрязнение воздуха твердыми частицами является причиной повышенной смертности от сердечно-легочных заболеваний (около 3%) и рака легких (около 5%) во всем мире. Воздействие ТЧ 2,5 снижает продолжительность жизни населения в среднем примерно на 8,6 месяца.

Загрязнение воздуха твердыми частицами (ТЧ) приводит к 22–52 тыс. смертям в год только в США (с 2000 года), около 370 тыс. преждевременным смертям в Европе в 2005 году и около 3,22 миллиона смертей в мире в 2010 году (Lim, S. et al., 2012).

Эффекты воздействия на здоровья ТЧ 2,5 и ТЧ 10 хорошо задокументированы. Они обусловлены как краткосрочным (часы, дни), так и долгосрочным (месяцы, годы) воздействием на организм и включают в себя:

- респираторные и сердечно-сосудистые заболевания проявляющиеся в усилении астматических и респираторных симптомов, а также в увеличении числа случаев госпитализации;
- смерть от сердечно-сосудистых заболевания, а также от рака легких.

Неизвестно, какой уровень концентрации является безопасным или каков порог, ниже которого загрязнение не оказывает отрицательного воздействия на здоровье человека. В 2005 г. Всемирная организация здравоохранения (WHO, 2013) разработала следующие руководящие принципы по качеству воздуха для ТЧ в следующие:

- среднегодовой показатель для ТЧ 2,5: 10 мкм/м^3 и среднесуточно 25 мкм/м^3 (не превышаться более 3 дней в году);
- среднегодовой показатель для ТЧ 10: 20 мкм/м^3 и среднесуточно 50 мкм/м^3.

На рисунках 3.9 и 3.10 наглядно демонстрируют высокие выбросы вредных веществ, оказывающих влияние на здоровья человека, которые генерируют старые дизельные двигатели (особенно срок эксплуатации которых составляет 15 лет и больше) по сравнению с современными дизельными двигателями и двигателями работающими на альтернативных видах топлива — КПГ и СНГ.

Рисунок 3.9. **Объем вредных для здоровья выбросов в расчете на единицу пройденного расстояния (нормативные данные)**

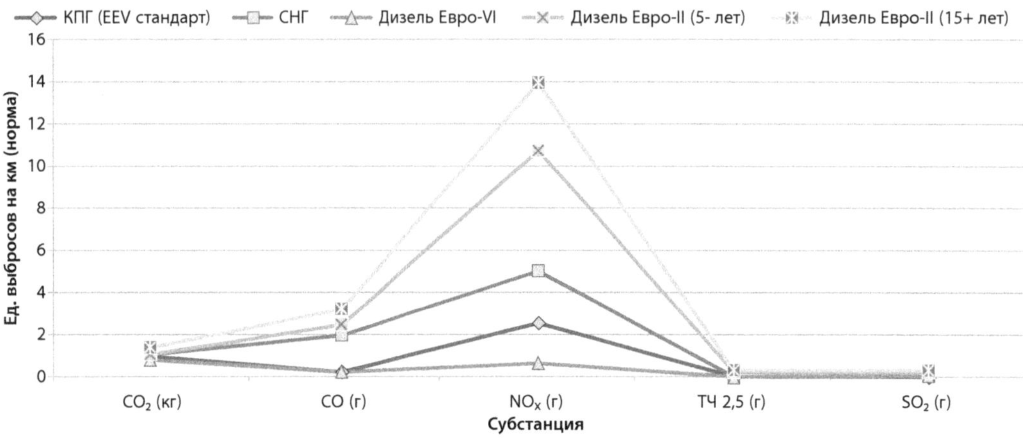

Источник: На основании данных DieselNet (2016).

Рисунок 3.10. **Объем вредных для здоровья выбросов в расчете на единицу пройденного расстояния (фактические данные)**

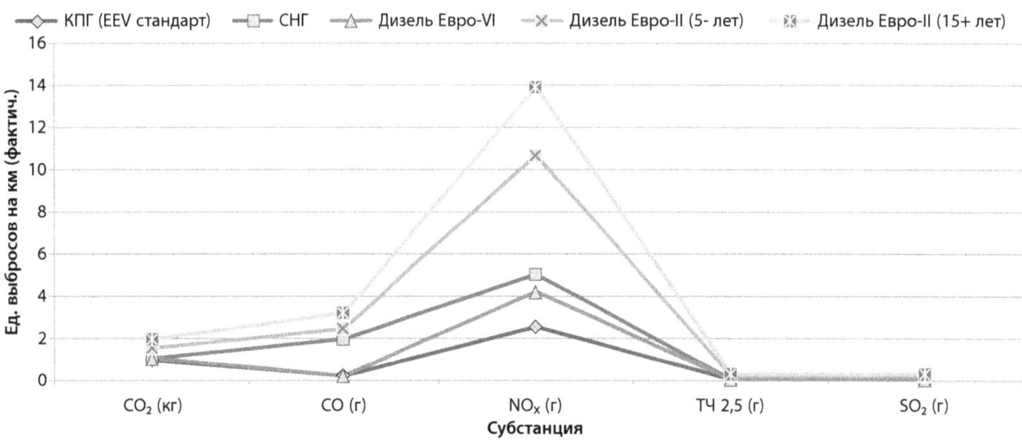

Источник: На основании данных DieselNet (2016).

Выводы для Программы СРТ

Анализ городской транспортной системы и данных о загрязнении воздуха в 23 крупных городах Казахстана подтверждает дальнейшее осуществление проекта.

По состоянию на первое полугодие 2016 года в системах городского общественного транспорта Казахстана действовало 185 поставщиков, из которых четыре являются коммунальными компаниями, управляют городскими системами общественного транспорта в Казахстане. Совокупный автобусный парк насчитывает 12 314 автобусов, в том числе 3 555 микроавтобусов. Из них 6 258 принадлежат поставщикам услуг перевозок, а остальные 6 056 взяты в лизинг или аренду. Срок эксплуатации почти одной третьи автобусов составляет 10 лет или больше.

Замена устаревших автобусов на более современные машины работающие на дизельном топливе или природном газе поможет уменьшить загрязнение твердых частиц, а также NO_x и SO_2. С загрязнением воздуха твердыми частицами связана повышенная смертность от сердечно-легочных заболеваний. Повышенное загрязнение атмосферы создает риск смертности, особенно лиц старше 65 лет. Таким образом Программа *СРТ* может быть обоснованна так же с точки зрения общественного здравоохранения.

Примечание

1. Для расчета ИЗА берутся первые пять загрязняющих веществ с наибольшей величиной превышения ПДК, которые выражаются в SO_2 с применением к каждому из загрязняющих веществ коэффициента в зависимости от степени его опасности по сравнению с SO_2. Потом эти значения суммируются. В случае двух пилотных проектов в Костанае и Шымкенте, соответственно, концентрация двух и четырех загрязняющих веществ превышает ПДК.

Ссылки

Казгидромет & МЭ (2016), *Информационный бюллетень о состоянии окружающей среды Республики Казахстан за 2015 год*, РГП «Казгидромет» & Министерство энергетики РК, Астана. https://kazhydromet.kz/ru/monitor_beluten_archiv2015.

СНГ (2014), *Содружество Независимых Государств в 2013 году — Статистический ежегодник*, Межгосударственный статистический комитет Содружества Независимых Государств, Москва.

DieselNet (2016), *EU: Heavy-Duty Truck and Bus Engines: Regulatory Framework and Emission Standards*, DieselNet website: https://www.dieselnet.com/standards/eu/hd.php (accessed 30 March 2017).

Lim, S. et al. (2012), "A Comparative Risk Assessment of Burden of Disease and Injury Attributable to 67 Risk Factors and Risk Factor Clusters in 21 Regions, 1990–2010: A Systematic Analysis for the Global Burden of Disease Study 2010", *The Lancet*, Vol. 380/9 859, pp. 2224–2260. www.thelancet.com/journals/lancet/article/PIIS0140-6736(12)61766-8/abstract.

Pope, C.A. et al. (1995), "Particulate Air Pollution as a Predictor of Mortality in a Prospective Study of U.S. Adults", *American Journal of Respiratory Critical Care Medicine*, vol. 151, pp. 669–674. www.atsjournals.org/doi/abs/10.1164/ajrccm/151.3_Pt_1.669?url_ver=Z39.88-2003&rfr_id=ori:rid:crossref.org&rfr_dat=cr_pub%3dpubmed.

UNFCCC (2016), *Kazakhstan. Status Report of the Annual Inventory of Kazakhstan*, Secretariat of the United Nations Framework Convention on Climate Change, Bonn. http://unfccc.int/resource/docs/2015/asr/kaz.pdf.

WHO (2013), *Health Effects of Particulate Matter Policy Implications for Countries in Eastern Europe, Caucasus and Central Asia*, World Health Organization, Regional Office for Europe, Copenhagen. www.euro.who.int/__data/assets/pdf_file/0006/189051/Health-effects-of-particulate-matter-final-Eng.pdf.

Раздел 4

Нормативно-правовая база для транспортного сектора

В данной главе кратко рассматривается нормативно-правовая база связанная с работой городского общественного транспорта и законодательство связанное с проблематикой загрязнения атмосферы, как для Таможенного союза ЕАЭС так и в Республике Казахстане. Вглаве также рассматриваются некоторые аспекты государственного финансирования, связанные с городским общественным транспортом в Казахстане. Все эти вопросы обсуждаются в контексте того, в какой степени существующая политика и нормативно-правовые акты создают спрос на «зеленые» инвестиции в секторе общественного транспорта.

Нормативно-правовая база в сфере городского общественного транспорта в Казахстане

Организация городского общественного транспорта и модернизация автобусного парка

Система городского общественного транспорта Республики Казахстан регулируется законом «Об автомобильном транспорте» (РоК, 2003) и «Правилами перевозки пассажиров и багажа автомобильным транспортом» (ПрК, 2007а).

Закон «Об автомобильном транспорте» (РоК, 2003) регулирует правила перевозки пассажиров, осуществляемые перевозчиками с использованием автобусов,[1] микроавтобусов[2] и троллейбусов по заранее согласованным маршрутам и расписанию движения. Автобусы и микроавтобусы должны соответствовать требованиям национальных стандартов. Автобусы, микроавтобусы, троллейбусы относятся к транспортным средствам категории M2 и M3 в зависимости от их веса: в случае веса более 5 тонн они относятся ко второй категории. В автобусах, микроавтобусах, троллейбусах как класса M2, так и класса M3 должно быть более 8 мест без учета места водителя (см. Таблицу 4.1).

Таблица 4.1. **Классификация автобусов согласно их категориям и вместимости**

Категория	Вместимость	Класс	Описание
M2, M3	< 22 пассажира	A	Предназначено для перевозки сидячих и стоящих пассажиров
		Б	Предназначено для перевозки только сидячих пассажиров
M2, M3	> 22 пассажира	I	Со специально отведенным местом для стоящих пассажиров и быстрой смены пассажиров
		II	Предназначены главным образом для сидящих+стоящих пассажиров на пространстве не более двукратной площади одного пассажирского места
		III	Предназначено для перевозки только сидячих пассажиров

Источник: EACU (2011).

Правилами перевозки пассажиров и багажа автомобильным транспортом (ПрК, 2007а) определяется, какие субъекты могут быть организаторами конкурса на право обслуживания маршрутов (например, местные исполнительные органы области, исполнительные органы городов Астана или Алматы и.т.д.). Победитель конкурса выбирается по числу баллов, рассчитанных с учетом предложенной цены и обеспечения качественного обслуживания пассажиров и безопасности перевозок. Окончательное число баллов также зависит от срока службы предоставляемых автобусов и микроавтобусов. В случае равного числа баллов предпочтение отдается поставщикам услуг, использующим транспортные средства отечественного производства.

Кроме того, местные органы власти могут установить тарифы ниже уровня предложения, составленного в соответствии с методологией расчета тарифов на перевозки пассажиров и багажа. В случае, если установленные местными органами власти тарифы не покрывают стоимости перевозок, разница возмещается поставщику услуг из соответствующего бюджета. Правилами также устанавливается типовой договор организации перевозок.

Типовой договор по организации регулярных автомобильных перевозок пассажиров и багажа (МИР, 2015a) устанавливает определенные пределы по возрасту используемых на маршруте автобусов, микроавтобусов и троллейбусов. В соответствии с пунктом 3 стандартного договора операторы транспортных услуг обязаны обновлять (заменять) автобусы, микроавтобусы и троллейбусы, используемые на маршруте не позднее двух лет, с ограничениями согласно таблице в договоре (см. Таблицу 4.2).

Таблица 4.2. **План обновления используемых на маршрутах автобусов, микроавтобусов и троллейбусов согласно типовому договору**

Срок эксплуатации автобусов, микроавтобусов, троллейбусов	Число автобусов, микроавтобусов, троллейбусов						
	2-3	4-6	7-10	11-15	16-25	26-50	51 и более
до 7 лет	+	+	+	+	+	+	+
от 7 до 12 лет	50%	25%	20%	20%	20%	20%	20%
от 12 до 15 лет	-	25%	25%	25%	24%	22%	21%
более 15 лет	-	-	-	4%	6%	10%	15%

Примечание: + допускается эксплуатация автобусов, микроавтобусов, троллейбусов на маршруте;

- не допускается эксплуатация автобусов, микроавтобусов, троллейбусов на маршруте;

при определении числа автобусов, микроавтобусов, троллейбусов, процентная доля которых составляет 0,5% и более общего числа автобусов, микроавтобусов, троллейбусов, их число определяется в сторону увеличения (один автобус, микроавтобус, троллейбус).

Это часть стандартного договора между региональными или муниципальными органами исполнительной власти и перевозчиками. Например, в случае, если на одном маршруте используются 2–3 автобуса, срок службы 50% автобусов может составлять от 7 до 12 лет, а срок службы остальных автобусов должен быть менее 7 лет. На маршрутах не разрешается использовать автобусы, срок службы которых составляет более 12 лет. В случае, если на одном маршруте 51 или более автобусов, 44% из них должны быть менее 7 лет, срок службы 20% из общего числа автобусов может составлять от 7 до 12 лет, 21% автобусов — от 12 до 15 лет и 15% старше 15 лет. Таким образом, в случае превышения этих пороговых уровней более старые автобусы должны быть заменены более новыми моделями, но не обязательно новым автобусом.

Согласно Правилам перевозки пассажиров и багажа автомобильным транспортом в столице (МИР, 2015b), на регулярных маршрутах в Астане должны эксплуатироваться автобусы со сроком службы не более 14 лет. В иных случаях сроки службы автобусов на маршруте должны соответствовать плану, который приводится в предыдущей таблице.

Государственные транспортные программы (бюджетные программы с компонентом городского общественного транспорта)

Государственная программа развития инфраструктуры «Нурлы Жол» на 2015–2019 годы (АП РК, 2016) определяет целевой показатель для регулярного автобусного транспорта, который предусматривает, что к 2019 году 96% населенных пунктов с населением более 100 человек будут иметь регулярные автобусные маршруты. Некоторые эксперты выражают озабоченность по поводу данного показателя и считают его недостаточно определенным и относительно нереалистичным с учетом временных рамок. Например, в других странах типичным показателем, связанным с доступностью транспортных услуг населению, является доля домашних хозяйств в сельских районах, имеющих доступ к автобусной остановке, расположенной на расстоянии не более 800 м и обеспечивающей почасовое или ежедневное обслуживание. Маловероятно, что показатели на уровне 96% могут быть достигнуты в краткосрочной и среднесрочной перспективе. Помимо этого, к 2019 году доля изношенных автобусов на регулярных пассажирских маршрутах должна быть сокращена на 50% (АП РК, 2016).

В Таблице 4.3 приведен план сокращения доли изношенных автобусов в соответствии со стандартным контрактом между региональными или муниципальными органами исполнительной власти и поставщиком транспортных услуг.

Таблица 4.3. **План сокращения доли изношенных автобусов на регулярных пассажирских маршрутах**

Показатели	2016	2017	2018	2019
Сокращение доли изношенных автобусов на регулярных пассажирских маршрутах	65%	60%	55%	50%

Источник: АП РК (2016).

Технические требования к автобусам и требования в отношении выбросов автобусов

Вот основные технические регламенты, которыми регулируются типы, происхождение, год изготовления и классы выбросов автобусов, эксплуатируемых в Казахстане.

Технический регламент Таможенного союза ТР ТС 018/2011 «О безопасности колесных транспортных средств» (EACU, 2011) устанавливает допустимые классы выбросов, характеризующие конструкцию транспортного средства или двигателя внутреннего сгорания в зависимости от уровня выбросов, а также уровня требований к системам бортовой диагностики. Требования Технического регламента соответствует требованиям Правил Европейской экономической комиссии Организации Объединенных Наций (ЕЭК ООН), а также Глобальных технических правил.[3]

Приказом Министерства по инвестициям и развитию РК «Об утверждении допустимых параметров автотранспортных средств, предназначенных для передвижения по автомобильным дорогам РК» (МИР, 2015c) утверждены допустимые нормативы выбросов вредных (загрязняющих) веществ автотранспортом, предназначенных для движения на территории Республики Казахстан. В Приказе учитывается также страна производителя, год продукции и класс выбросов транспортного средства. Кроме того в Правилах указываются нормы выбросов для автобусов с бензиновыми, газовыми и дизельными двигателями. В настоящее время Евро-IV применяется ко всем автомобилям категории М2, М3 (Таблица 4.4). Стандарты Евро-V для автобусов с газовыми или дизельными двигателями вступят в силу 1 января 2018 года.

Таблица 4.4. **Требования в отношении выбросов автобусов с бензиновыми двигателями**

Класс выбросов	Уровни выбросов
3	CO — 20 г/кВт·ч, УВ — 1,1 г/кВт·ч, NO_x — 7 г/кВт·ч (при испытаниях согласно ЕЭК ООН Правила №. 49-04 (испытательный цикл ESC)
4	CO — 4 г/кВт·ч, УВ — 0,55 г/кВт·ч, NO_x — 2 г/кВт·ч (при испытаниях согласно ЕЭК ООН Правила № 49-05 (испытательный цикл ESC)

Источник: EACU (2011), Приложение 3.

В настоящее время действующими стандартами для гибридных автобусов являются стандарт Евро-IV.

Таблица 4.5. **Требования в отношении выбросов гибридных транспортных средств и их энергетических установок**

Класс выбросов	Предельные значения выбросов				
	CO г/кВт·ч	NMHC г/кВт·ч	CH_4 г/кВт·ч	NO_x г/кВт·ч	ТЧ г/кВт·ч
4	4,0	0,55	1,1[a]	3,5	0,03[b]
5	4,0	0,55	1,1[a]	2,0	0,032[b]

Источник: EACU (2011), Приложение 4.

Примечания: a. только для двигателей, работающих на сжатом природном газе (КПГ);
b. только для двигателей, работающих на дизельном топливе.

Рисунок 4.1. **Развитие Европейских стандартов выбросов**

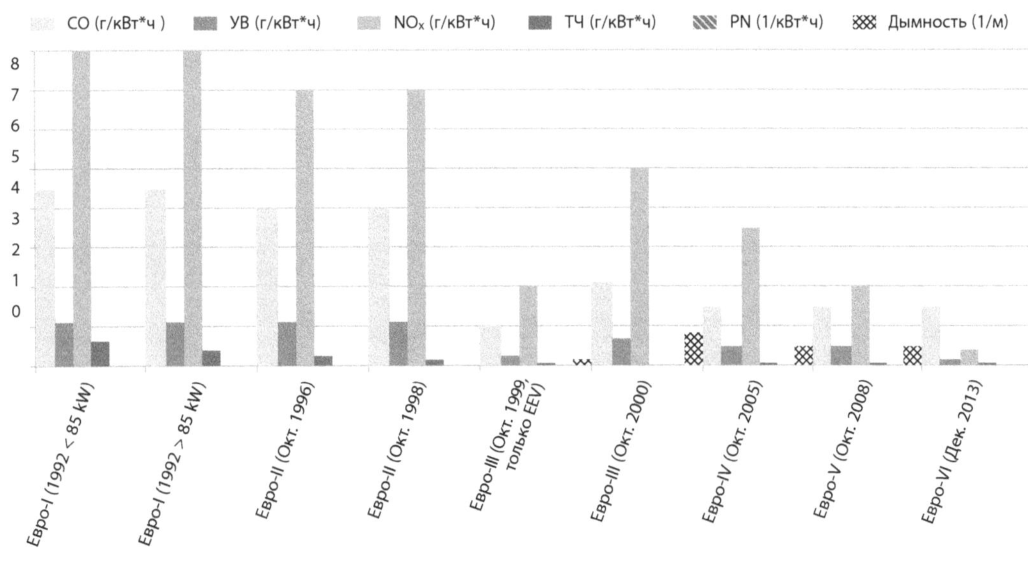

Источник: DieselNet (2016).

Технический регламент РК «Требования к выбросам вредных (загрязняющих) веществ автотранспортом» (ПрК, 2007b), указывает сроки на подтверждение соответствия выпускаемых в обращение на территории Республики Казахстан автотранспортных средств требованиям экологических классов. Они выполняются в соответствии с графиком, указанным в Техническом регламенте, в зависимости от страны происхождения, года производства и класса выбросов.

В Таблице 4.6 представлено сравнение сроков внедрения стандартов выбросов Евро в Европейском союзе (ЕС) и в Казахстане.

Таблица 4.6. **Введение Европейских стандартов выбросов в ЕС и Казахстане**

Стандарты выбросов	ЕС		Казахстан	
Евро-1/I	Июль 1992	Для легковых автомобилей — *91/441/EEC* Также для легковых автомобилей и легких грузовиков — *93/59/EEC*		
	1992	Для грузовых автомобилей и автобусов (большегрузные дизельные двигатели)		
Евро-2/II	Январь 1996	Для легковых автомобилей — *94/12/EC (& 96/69/EC)* Для мотоциклов — *2002/51/EC (row A) — 2006/120/EC*	Июль 2009	Для всех автомобилей, произведенных и импортируемых в Казахстан
	Октябрь 1996 Октябрь 1998	Для грузовых автомобилей и автобусов (большегрузные дизельные двигатели)		
			Январь 2010	Топливо, проданное на казахстанском рынке
Евро-3/III	Январь 2000	Для всего автотранспорта — *98/69/EC* Для мотоциклов — *2002/51/EC (row B) 2006/120/EC*	Январь 2011	Для всех автомобилей, произведенных и импортируемых в Казахстан
	Октябрь 1999 (только *EEVs*) Октябрь 2000	Для грузовых автомобилей и автобусов (большегрузные дизельные двигатели)		
			Январь 2014	Топливо, проданное на казахстанском рынке
Евро-4/IV	Январь 2005	Для любого транспортного средства— *98/69/EC (& 2002/80/EC)*	Июль 2013	Для всех автомобилей, произведенных и импортируемых в Казахстан
	Октябрь 2005	Для грузовых автомобилей и автобусов (большегрузные дизельные двигатели)		
			Январь 2016	Топливо, проданное на казахстанском рынке
Евро-5/V	Сентябрь 2009	Для легких пассажирских и коммерческих автомобилей—*715/2007/EC*		
	Октябрь 2008	Для грузовых автомобилей и автобусов (большегрузные дизельные двигатели)		
Евро-6/VI	Сентябрь 2014	Для легких пассажирских и коммерческих автомобилей—*459/2012/EC*		
	Декабрь 2013	Для грузовых автомобилей и автобусов (большегрузные дизельные двигатели)		

Источник: DieselNet (2016) и исследование авторов.

Таможенные тарифы на импортируемые транспортные средства

Таможенные тарифы Евразийского экономического союза (ЕАЭС) на импортируемые транспортные средства, в частности, автобусы, определены в Едином Таможенном тарифе ЕАЭС (ЕТТ ЕАЭС), группа 87 для средств наземного транспорта (ТС ЕАЭС, 2012). Данные тарифы находятся в диапазоне от 0 до 15%. В отношении транспортных средств стандартов Евро-IV и Евро-V определенного размера и вместимости установлен нулевой тариф.

Стандарты энергоэффективности использования топлива

В Казахстане отсутствует конкретная политика в сфере развития транспорта с низким уровнем выбросов. Тем не менее указом «О Концепции по переходу Республики Казахстан к «зеленой экономике» (Концепцией) (ЕО РоК, 2013) и стратегией «Казахстан-2050» (ЕО РоК, 2012) предусматривается целевой показатель энергоэффективности — снижение энергоемкости ВВП к 2015 году на 10% и к 2020 году на 25% по сравнению с базовым уровнем 2008 года. Согласно Международному энергетическому агентству (МЭА, International Energy Agency — *IEA*), энергоемкость ВВП РК почти семикратно превышает средний уровень стран ОЭСР и на 25% выше уровня энергоемкости России (IEA, 2016). Притом что в Казахстане имеют место разные уровни энергоемкости в зависимости от источника, его энергоемкость по-прежнему является одной из самых высоких в мире.

В качестве важнейших мер по повышению энергоэффективности транспортного сектора Концепцией определяется развитие энергоэффективной транспортной инфраструктуры, в качестве ключевых мер повышение эффективности железнодорожного транспорта и местного общественного транспорта путем перехода на экологически чистое топливо (газ и электроэнергию). Высокая энергоемкость транспортного сектора обусловлена следующим:

- срок службы 80% автомобильного транспорта составляет более 10 лет;
- 87% общего энергопотребления приходится на дорожный транспорт;
- более 70% движения транспорта в крупных городах составляют автомобили;
- 8–11% себестоимости товаров составляют транспортные затраты (в развитых странах этот показатель, как правило, не превышает 4%) (UNDP, 2015).

Законом РК «Об энергосбережении и повышении энергоэффективности» от 13 января 2012 года регулируются общественные отношения и определяются правовые, экономические и организационные основы деятельности физических и юридических лиц в области энергосбережения и повышения энергоэффективности (ПаК, 2012). На основе этого закона в 2015 г. был принят **приказ** министра по инвестициям и развитию Республики Казахстан **«Об установлении требований по энергоэффективности транспорта»** (MID, 2015d), которым устанавливаются показатели энергоэффективности транспорта (Таблица 4.7).

Таблица 4.7. **Показатели энергоэффективности автотранспортных средств в разбивке по типам двигателей**

№	Тип двигателя	Энергоэффективность в %
1	Двигатель на природном газе	66
2	Дизельный двигатель	55
3	Бензиновый двигатель	60
4	Гибридное автотранспортное средство (бензин/электр.)	75,7
5	Электродвигатель	52,5

Источник: МИР (2015d), CAREC (2013).

Выводы для Программы СРТ

Правила перевозок пассажиров и багажа автомобильным транспортом (МИР, 2015b) в комплексе с типовым договором служат основой и предоставляют возможность замены старого изношенного автобусного парка современными автобусами, работающими на экологически чистом топливе. Поскольку в настоящее время основная часть транспортных средств использует в качестве топлива непосредственно нефть, существует прямая корреляция между ее потреблением и выбросами CO_2. Следовательно, меры по повышению эффективности использования топлива также положительно скажутся на качестве воздуха в городах. Вместе с тем посредством целевой программы можно усилить стимулы к инвестициям в новый автобусный парк и использованию преимуществ снижения эксплуатационных затрат.

Нормативно-правовые акты, регулирующие проблематику загрязнение воздуха

Одной из целей Концепции по переходу Республики Казахстан к «зеленой» экономике является повышение благополучия населения и сокращение загрязнения окружающей среды. Для решения этой задачи Концепцией предусматривается развитие энергоэффективной транспортной инфраструктуры и повышение энергоэффективности местного общественного транспорта путем его перехода его на экологически чистое топливо (например, газ) путем реализации следующих мер:

- внедрение современного транспортного парка наряду с усовершенствованием методов эксплуатации автотранспортных средств, повышением эффективности топливного баланса и операционной деятельности;
- установление с июля 2016 года нормативов выбросов в атмосферу автотранспорта в соответствии с Европейскими стандартами;
- проведение регулярного ежегодного осмотра автомобилей на качество выхлопных газов с завершением к 2020 году разового аудита всего действующего автотранспортного парка — это имеет особое значение для успешности любой программы, поскольку ее результаты должны быть надежными и проверяемыми;
- переход городского транспорта в городе Алматы на КПГ;
- переход к 2020 году городского транспорта на газ в других крупных городах (Астане, Караганде, Шымкенте) в зависимости от имеющихся ресурсов газа и принятия решений о субсидировании цены на газ.

Законодательство о загрязняющих воздух веществах

Законодательство о парниковых газах и прочих загрязняющих веществах представлено Экологическим кодексом Республики Казахстан (РоК, 2007), а также подписанными и ратифицированными конвенциями, в частности, Рамочной конвенцией Организации Объединенных Наций об изменении климата (РКИК ООН), Киотским протоколом и Парижским соглашением по климату, подписанным в рамках РКИК ООН. Казахстан является стороной Приложения I в целях Киотского протокола согласно пункту 7 статьи 1 Киотского протокола, но не является стороной Приложения I в целях Конвенции. В июле 2016 года Казахстан подписал Парижское соглашение по климату в рамках РКИК ООН.

Экологическим кодексом Республики Казахстан указывается порядок определения нормативов выбросов в окружающую среду. Предельно допустимые концентрации (ПДК) загрязнителей воздуха в населенных пунктах утверждены санитарными правилами и положениями «Об утверждении Гигиенических нормативов к атмосферному воздуху в городских и сельских населенных пунктах» (МНЭ, 2015).

Экологический кодекс не устанавливает нормативы выбросов из мобильных источников загрязнения воздуха. Критические концентрации основных веществ, загрязняющих воздух, содержащихся в выхлопных газах, определяются законодательством в сфере технического регулирования. Приказом министра энергетики Казахстана № 26 от 21 января 2015 года (МЭ, 2015) утвержден перечень веществ, загрязняющих воздух, и типов отходов, нормативы выбросов которых определяются.

Раздел 9 Экологического кодекса полностью посвящен выбросам парниковых газов, но только в случае операторов установок, а именно в случае стационарных источников загрязнения. В ней характеризуются механизмы снижения выбросов парниковых газов, в частности, действие механизма торговли квотами на выбросы, разъясняется порядок определения, распределения квот, инвентаризации выбросов парниковых газов, при этом предусматривается проведение инвентаризации только стационарных источников, то есть мобильные источники загрязнения не учитываются.

Приемлемые на национальном уровне меры по смягчению последствий изменения климата

28 сентября 2015 года, в преддверии Конференции сторон в Париже (КС-21), проходившей в декабре в рамках РКИК ООН, Казахстан передал документ «Предполагаемые определяемые на национальном уровне вклады» (ПОНУВ, Intended Nationally Determined Contributions — *INDC*), в котором указываются ожидаемые природоохранные действия в период после 2020 года. Поставлены следующие задачи (GoK, 2015):

- не обусловленная задача — сокращение к 31 декабря 2030 года выбросов парниковых газов на 15% по сравнению с базовым 1990 годом;
- обусловленная задача — сокращение к 31 декабря 2030 года выбросов парниковых газов на 25% по сравнению с базовым 1990 годом при условии осуществления дополнительных международных инвестиций, доступа к механизму передачи низкоуглеродных технологий, средствам «зеленого» климата и механизму «гибкости» в качестве страны с переходной экономикой.

Приемлемые на национальном уровне меры по смягчению последствий изменения климата (Nationally Appropriate Mitigation Actions — *NAMAs*) относятся к ряду действий, которые страны предпринимают в рамках обязательства по сокращению выбросов парниковых газов. Это могут быть различные действия направленные на изменения и трансформацию в рамках одного, двух секторов либо более широкие экономические изменения. Развитые страны могут поддерживать внедрение *NAMA* в развивающихся странах посредством финансирования технологий или работ по наращиванию потенциала.

На веб-сайте РКИК ООН размещен регистр НАМА, представляющий собой общедоступную платформу для размещения всех НАМА всех стран что позволяет информировать общественность о необходимости финансовой и прочей поддержки в целях разработки и осуществления регистра НАМА в случае такой необходимости.

Реестр РКИК ООН содержит 2 проекта НАМА для Казахстана, а именно:

- Содействие использованию природного газа в транспортном секторе Казахстана в разделе «ПНМС, для осуществления которых требуется поддержка ресурсами» (MoE, 2013), осуществляющая организация — ТОО «КазТрансГаз Онимдери».

Проектом предусматривается переход транспортного сектора с использования бензина и дизельного топлива на природный газ за счет развития в стране инфраструктуры, необходимой для КПГ, путем создания сети 35–100 заправочных станций КПГ. Концепция проекта изложена в докладе о технической помощи Азиатского банка развития «Экономика изменения климата в Азербайджане, Казахстане и Узбекистане: экономика сокращения выбросов парниковых газов в секторах энергетики и транспорта» (ADB, 2015). Общая стоимость проекта составляет приблизительно 74 млн. долл. США; поддержка международными ресурсами составит, как ожидается, приблизительно 49 млн. долл. США. Ресурсы на проект пока не получены.

- НАМА для низкоуглеродного развития Казахстана в разделе «НАМА, для осуществления которых требуется поддержка ресурсами» (MoE, 2014), осуществляющая организация — Программа развития Организации Объединенных Наций (ПРООН).

Проект направлен на реализацию мер по сокращению выбросов ПГ в городах путем осуществления инвестиций в городскую инфраструктуру (в энергоэффективные дома, энергоэффективный транспорт и транспортную инфраструктуру, а также системы управления отходами). На этот проект предоставлены ресурсы Глобального экологического фонда (ГЭФ) в полном объеме стоимости проекта в целях разработки всего объема проектного предложения ПРООН/ГЭФ (общая стоимость проекта составляет 150 тыс. долл. США).

Выводы для Программы СРТ

Концепция по переходу к «зеленой» экономике Республики Казахстан представляет собой основное обоснование для инвестиционных программ. Концепция предусматривает развития энергоэффективной транспортной инфраструктуры и повышения энергоэффективности местного общественного транспорта путем перехода на экологически чистое топливо (такое как газ) за счет осуществления специальных групп мер, направленных на модернизацию транспортного парка, применения Европейских стандартов выбросов, осмотра автотранспортного парка и перехода на использование КПГ в таких крупных городах как Алматы, Астана, Караганда и Шымкент к 2020 году.

Примечания

1. Автобус — автомобильное транспортное средство, предназначенное для перевозки пассажиров и багажа, имеющее более восьми мест для сидения без учета места водителя.
2. Микроавтобус — автобус особо малого класса, имеющий не более шестнадцати мест для сидения без учета места водителя, предусмотренных заводом-изготовителем.
3. Правила ЕЭК ООН, разработанные согласно положениям статьи 6 Соглашения 1998 года о введении Глобальных технических правил для колесных транспортных средств, предметов оборудования и частей, которые могут быть установлены и/или использованы на колесных транспортных средствах (UNECE, 1998).

Ссылки

АП РК (2016), «О внесении изменений и дополнений в Указ Президента Республики Казахстан» от 6 апреля 2015 года № 1030 «Об утверждении Государственной программы инфраструктурного развития «Нұрлы жол» на 2015-2019 годы», *Указ Президента Республики Казахстан от 12 декабря 2016 года № 389*, Администрация Президента РК, Астана. http://adilet.zan.kz/rus/docs/U1600000389#z51.

МИР (2015a), «Об утверждении Типового договора организации регулярных автомобильных перевозок пассажиров и багажа», *Приказ и.о. Министра по инвестициям и развитию Республики Казахстан от 26 марта 2015 года № 348*, Министерство по инвестициям и развитию РК, Астана. http://adilet.zan.kz/rus/docs/V1500011002.

МИР (2015b), «Об утверждении Правил перевозок пассажиров и багажа автомобильным транспортом«, *Приказ и.о. Министра по инвестициям и развитию Республики Казахстан от 26 марта 2015 года № 349*, Министерство по инвестициям и развитию РК, Астана. http://adilet.zan.kz/rus/docs/V1500011550.

МИР (2015c), «Об утверждении допустимых параметров автотранспортных средств, предназначенных для передвижения по автомобильным дорогам Республики Казахстан», *Приказ и.о. Министра по инвестициям и развитию Республики Казахстан от 26 марта 2015 года № 342*, Министерство по инвестициям и развитию РК, Астана. http://adilet.zan.kz/rus/docs/V1500011009.

МИР (2015d), «Об установлении требований по энергоэффективности транспорта», *Приказ Министра по инвестициям и развитию Республики Казахстан от 31 марта 2015 года № 389*, Министерство по инвестициям и развитию РК, Астана. http://adilet.zan.kz/rus/docs/V1500010962.

МНЭ (2015), «Об утверждении Гигиенических нормативов к атмосферному воздуху в городских и сельских населенных пунктах», *Приказ Министра национальной экономики Республики Казахстан от 28 февраля 2015 года № 168*, Министерство национальной экономики РК, Астана. http://adilet.zan.kz/rus/docs/V1500011036.

МЭ (2015), «Об утверждении Перечня загрязняющих веществ и видов отходов, для которых устанавливаются нормативы эмиссий», *Приказ Министра энергетики Республики Казахстан от 21 января 2015 года № 26*, Министерство энергетики РК, Астана. http://adilet.zan.kz/rus/docs/V1500010302.

ПаК (2012), «Об энергосбережении и повышении энергоэффективности», *Закон Республики Казахстан от 13 января 2012 года № 541-IV*, Парламент РК, Astana. http://adilet.zan.kz/rus/docs/Z1200000541.

ПрК (2007a), «Об утверждении Правил перевозки пассажиров и багажа автомобильным транспортом в столице», *Постановление Правительства Республики Казахстан от 8 ноября 2007 года № 1061*, Правительство РК, Астана. http://adilet.zan.kz/rus/docs/P070001061_.

ПрК (2007b), «Об утверждении Технического регламента о требованиях к выбросам вредных (загрязняющих) веществ автотранспортных средств, выпускаемых в обращение на территории Республики Казахстан», *Постановление Правительства Республики Казахстан от от 17 декабря 2007 года № 1372*, Правительство РК, Астана. http://adilet.zan.kz/rus/docs/P070001372.

ТС ЕАЭ (2ТС ЕАЭС (2012), Единый таможенный тариф, *Решение Совета ЕЭК от 16 июля 2012 г. № 54*, в редакции Решения Совета ЕЭК от 18 октября 2016 г. № 101, Таможенный союз ЕАЭС, Москва. www.eurasiancommission.org/ru/act/trade/catr/ett/Pages/default.aspx.

ADB (2015), *Economics of Climate Change in Azerbaijan, Kazakhstan and Uzbekistan: The Economics of Reducing Greenhouse Gas Emissions in the Energy and Transport Sectors*, Technical Assistance Consultant`s Report, Asian Development Bank. https://www.adb.org/sites/default/files/project-document/182798/44068-012-tacr-03.pdf.

CAREC (2013), *Vehicle Emissions, Fuel Quality Standards and Fuel Economy Policies in Kazakhstan.* Stocktaking Analytical Report, Regional Environmental Centre for Central Asia, Almaty. http://wedocs.unep.org/handle/20.500.11822/7560.

DieselNet (2016), *EU: Heavy-Duty Truck and Bus Engines: Regulatory Framework and Emission Standards*, DieselNet website: https://www.dieselnet.com/standards/eu/hd.php (accessed 30 March 2016).

EACU (2011), "On Safety of Wheeled Vehicles", *Technical Regulations of the Customs Union TR CU 018/2011,* Commission of the Eurasian Customs Union, Moscow. https://trcu.eu/.

EO PoK (2013) "Concept for Transition of the Republic of Kazakhstan to Green Economy", *Decree of the President of the Republic of Kazakhstan No. 577*, Executive Office of the President of the Republic of Kazakhstan, Astana. http://gbpp.org/wp-content/uploads/2014/04/Green_Concept_En.pdf.

EO PoK (2012), *The Strategy for the Development of the Republic of Kazakhstan until 2050*, Executive Office of the President of the Republic of Kazakhstan, Astana. https://strategy2050.kz/en/.

GoK (2015), *Intended Nationally Determined Contribution — Submission of the Republic of Kazakhstan*, Government of the Republic of Kazakhstan, Astana. http://www4.unfccc.int/submissions/INDC/Published%20Documents/Kazakhstan/1/INDC%20Kz_eng.pdf.

PoK (2007), "Environmental Code of the Republic of Kazakhstan", *Code of the Republic of Kazakhstan* No. 212, Parliament of the Republic of Kazakhstan, Astana. http://adilet.zan.kz/eng/docs/K070000212.

PoK (2003), "On Automobile Transport", *Law of the Republic of Kazakhstan* No. 476, Parliament of the Republic of Kazakhstan, Astana. http://adilet.zan.kz/eng/docs/Z030000476.

IEA (2016), *CO2 Emissions from Fuel Combustion, International Energy Agency*, Paris.

MoE (2014), "NS-124 Nationally Appropriate Mitigation Actions for Low-Carbon Urban Development in Kazakhstan", *NAMA Seeking Support for Preparation*, Ministry of Energy of the Republic of Kazakhstan, Astana. http://www4.unfccc.int/sites/nama/_layouts/un/fccc/nama/NamaSeekingSupportForPreparation.aspx?ID=66.

MoE (2013), "NS-247 Fostering Use of Natural Gas in the Transport Sector", *NAMA Seeking Support for Preparation*, Ministry of Energy of the Republic of Kazakhstan, Astana. http:/www4.unfccc.int/sites/nama/_layouts/un/fccc/nama/NamaSeekingSupportForImplementation.aspx?ID=168&viewOnly=1.

UNDP (2015), *Energy Efficiency in Transport Sector of the Republic of Kazakhstan: Current Status and Measures for Improvement*, Analytical Report, UNDP/GEF Project City of Almaty Sustainable Transport, United Nations Development Programme, Almaty. http://alatransit.kz/sites/default/files/energy_efficiency_in_transport_sector_of_the_republic_of_kazakhstan.pdf.

UNECE (1998), "Global Technical Regulations for Wheeled Vehicles, Equipment and Parts which Can Be Fitted and/or Be Used on Wheeled Vehicles", *ECE/TRANS/132*. https://www.unece.org/trans/main/wp29/wp29wgs/wp29gen/wp29glob.html.

UNFCCC (2016), *Status Report of the Annual Inventory of Kazakhstan,* Secretariat of United Nations Framework Convention on Climate Change, Bonn. http://unfccc.int/national_reports/annex_i_ghg_inventories/national_inventories_submissiones/items/9492.php.

Раздел 5

Анализ рынка экологически чистого топлива и технологий

Данный раздел посвящен анализу рынка экологически чистых технологий и топлива применяемых в секторе автобусного транспорта Казахстана и на основании этого анализа будет проведена оценка жизнеспособности инвестиционной программы. В разделе рассматриваются следующие темы:

- *рынок сжатого природного и сжиженного нефтяного газа используемого в качестве топлива для транспорта;*
- *национальное производство и импорт автобусов, используемых в качестве городского транспорта, включая цены;*
- *текущая стоимость проезда в городских автобусах; и*
- *доступное совместное финансирование инвестиционных проектов.*

Проведенный анализ рынка подтвердил необходимость введения программы. Проанализировано нынешнее состояние автобусного парка (права собственности, срок эксплуатации, тип топлива) ситуацию на рынке и компримированного природного газа (КПГ) и сжиженного природного газа (СПГ) для использования их в качестве топлива, объемы производства в стране и импорта автобусов, автобусные тарифы для городского транспорта и возможность совместного финансирование инвестиционных проектов. Концепция развития газового сектора Республики Казахстан до 2030 года (ПрК, 2014) разработана, в частности, для стимулирования внутреннего спроса на природный газ, в том числе среди новых категорий потребителей, путем реализации целого ряда мероприятий по развитию рынка. В рамках Концепции предусматривает строительство сетей автозаправочных станций и реализацию мер по стимулированию перехода автомобильного и общественного транспорта на природный газ (КПГ и СНГ).

Обзор экологически чистых технологий и видов топлива, используемых в автобусном транспорте

Данный краткий обзор содержит информацию об автобусах, которые работают на четырех основных экологически чистых видах топлива:

- компримированный природный газ;
- сжиженный нефтяной газ;
- дизельное топливо для двигателей стандарта Евро-VI;
- электричество.

Для рассмотрения основных сравнительных характеристик, преимущества и недостатков соответствующей технологии и проникновение ее на мировой рынок в целом и рынок Казахстана в частности для каждого из видов топлива см. Приложение А.

Компримированный природный газ (КПГ)

КПГ может использоваться не только в транспортных средствах специально изготовленных для использования КПГ, но и в традиционных автомобилях с бензиновым двигателем или двигателем внутреннего сгорания, после их определенной модификации. Хотя транспортные средства могут работать как на сжиженном природном газе (СПГ) так и на компримированном природном газе (КПГ) то в большинстве транспортных средств в качестве топлива применяется газообразная форма. Существует большое разнообразие транспортных средств, работающих на КПГ и используемых в коммерческих целях, включая малотоннажные грузовики, грузовые автомобили средней и большой грузоподъемности.

При сжигании КПГ выделяется меньше вредных газов по сравнению с другими видами топлива. КПГ также менее опасен в случае аварийного разлива, поскольку природный газ легче воздуха и потому при утечке он быстро рассеивается в атмосфере. С другой стороны топливные баки в транспортных средствах, использующих КПГ, занимают больше места по сравнению с транспортом на бензиновом ходу а высокая стоимость резервуаров для хранения КПГ является основным препятствием для ускоренного внедрения и широкого употребления компримированного природного газа в качестве топлива.

Сжиженный нефтяной газ (СНГ)

Сжиженный нефтяной газ (СНГ), также известный как пропан-бутан, является горючей смесью углеводородных газов, используемой в качестве топлива для отопительных приборов, оборудования для тепловой обработки продуктов, а также транспортных средств. В некоторых странах СНГ применяют в качестве альтернативного топлива для двигателей с искровым зажиганием, начиная с 1940-х годов.

Удельная энергоемкость сжиженного нефтяного газа ниже, чем удельная энергоемкость бензина или дизельного топлива, поэтому расход СНГ-топлива почти на 10% выше. Во многих государствах налог на сжиженный нефтяной газ ниже, чем налог на бензин и дизельное топливо, что позволяет компенсировать более высокий расход СНГ.

СНГ сгорает более чисто, чем бензин или дизельное топливо, что приводит к меньшему износу двигателя — и что характерно, выбросы не содержат частиц, присутствующих во время сгорания бензина или дизтоплива.

Дизельные двигатели Евро-VI

Дизельные двигатели являются одним из наиболее распространенных вариантов двигателей внутреннего сгорания для автобусов и других коммерческих транспортных средств во всем мире. В настоящее время автобусы работающие на дизельном и биодизельном топливе — большая часть предлагаемого на рынке биодизеля производится путем смешивания с обычным дизельным топливом — составляют, по большому счету, большую часть автобусного парка.

Стандартные городские автобусы с дизельным двигателем характеризуются меньшим уровнем выбросов CO_2 на одного пассажира, поэтому сокращение этих выбросов может быть достигнуто путем содействия перераспределению пассажиропотока в пользу общественного транспорта.

С другой стороны переход транспортных средств большой грузоподъемности со стандарта Евро-V на стандарт Евро-VI потребует значительных капиталовложений со стороны производителей и предприятий общественного транспорта. В результате огромные ресурсы производителей автобусов окажутся заморожены необходимостью адаптации к новым требованиям. Выхлопные газы дизельных двигателей наносят значительный вред окружающей среде ввиду наличия в них твердых частиц (ТЧ).

Электричество

Из-за ограниченной емкости аккумуляторов и, как следствие, незначительной дальности пробега (как правило, не превышающей 100–200 км для автомобилей малых и средних габаритов) считается, что на сегодняшний день электромобили лучше всего подходят для поездок по городу или пригородам. Хотя городской автобус может проезжать около 200 км без зарядки, полный переход на электродвигатели автомобилей большой грузоподъемности и автобусов дальнего следования в ближайшем будущем вряд ли произойдет. Таким образом, только троллейбус является эффективной альтернативой с точки зрения сокращения выбросов.

Выводы для Программы СРТ

Наш анализ показывает, что автобусы с работающие на современном дизельном топливе, КПГ или СНГ является подходящей заменой устаревших и полностью амортизированных дизельных автобусов, которые в настоящее время эксплуатируются в Казахстане. Новые модели автобусов с двигателями на дизтопливо, КПГ или СНГ обеспечивают экономию за счет сокращения эксплуатационных расходов (из-за более низких затрат на техническое обслуживание) по сравнению со старыми дизельными двигателями. Кроме того, автобусы с КПГ и СНГ имеют дополнительную экономию эксплуатационных затрат по сравнению с дизельными автобусами, с учетом более низкой цены на этот вида топлива.

В Таблице A.3 представлено сравнение ключевых параметров, а также преимущества и недостатки КПГ, СНГ и дизельного топлива. В некоторых городах КПГ может потребовать дополнительную инфраструктуру. Кроме того важно отметить, что на современных дизельных автобусах установлено в специальное оборудование сокращающее выбросов в атмосферу. Однако это оборудование увеличивает эксплуатационные расходы, и некоторые операторы просто демонтируют его. Такие практики следует избегать и пресекать.

Рынок компримированного природного газа и сжиженного нефтяного газа в Казахстане

В настоящей главе проводится обзор рынков КПГ и СНГ, в частности, законодательства и документов по вопросам политики.

Документы по вопросам политики перехода на газовое топливо

Концепцией по переходу Республики Казахстан к «зеленой» экономике в качестве одной из мер по повышению энергоэффективности транспортного сектора определено повышение энергоэффективности местного общественного транспорта путем его перехода на экологически чистое топливо (в частности, газ) (ЕО РоК, 2013).

Одной из задач **Концепции развития газового сектора Республики Казахстан до 2030 года** определено стимулирование внутреннего спроса на природный газ, в том числе новых категорий потребителей, посредством реализации комплекса мероприятий по развитию рынка газомоторного топлива (ПрК, 2014). В Концепции делается допущение о том, что к 2030 году годовое потребление газа автомобильным, железнодорожным и морским транспортом достигнет 0,5 млрд. м^3. Среди мер по развитию рынка газомоторного топлива Концепцией предусматривается строительство сетей автогазозаправочных станций, а также реализация мер по стимулированию перехода легкового и общественного транспорта на газомоторное топливо (КПГ и СНГ). Для этого определены целевые показатели развития, и, при условии внедрения мер государственной поддержки, Концепцией предусматриваются следующие целевые уровни использования этих видов топлива общественным дорожным транспортом:

- к 2020 году:
  - в городах Алматы и Астане — не менее 30%;
  - в областных центрах — не менее 10%.

- к 2030 году:
  - в городах Алматы и Астане — не менее 50%;
  - в областных центрах — не менее 30%. (ПрК, 2014)

Принят Комплексный план развития рынка газомоторного топлива до 2020 года, однако данный документ охватывает только мероприятия по предоставлению соответствующей информации в уполномоченный орган (МЭ, 2015).

Технические требования к топливу

В отношении стандартов топлива действует Технический регламент Таможенного союза ТР ТС 013/2011 «О требованиях к автомобильному и авиационному бензину, дизельному и судовому топливу, топливу для реактивных двигателей и мазуту» (ТС ЕАЭС, 2011). Согласно указанному техническому регламенту, выпуск в обращение и обращение автомобильного бензина экологического класса К2 (Евро-II) на единой таможенной территории Таможенного союза не допускается (ТС ЕАЭС, 2011). Однако Решением Совета Евразийской экономической комиссии № 84 (ЕЭК, 2015) о внесении изменений в указанный технический регламент на территории Республики Казахстан указанный запрет будет действовать с 1 января 2018 года. Это означает, что переход на автомобильный бензин экологических классов К4 (Евро-IV) и К5 (Евро-V) начнется в Казахстане не позднее 1 января 2018 года.

В отношении дизельного топлива выпуск в обращение и обращение дизельного топлива экологического класса К2 (Евро-II) и К3 (Евро-III) на единой таможенной территории Таможенного союза не допускается. Указанный запрет действует на территории Республики Казахстан с 1 января 2018 года. Таким образом, переход на дизельное топливо экологических классов К4 (Евро-IV) и К5 (Евро-V) начнется в Казахстане не позднее 1 января 2018 года.

Требования в отношении СНГ регулируется правилами Евразийского экономического союза (ЕАЭС) «Требования к сжиженным углеводородным газам для использования в качестве топлива» принятым в августе 2016 года (ЕЭК, 2016). Данное положение вступит в силу 1 января 2018 г. Что же касается КПГ, то согласно Плану Разработки Технических Регламентов ЕАЭС, страны Евразийского экономического союза подготовят технический регламент «О безопасности газа горючего природного, подготовленного к транспортированию и (или) использованию».

Анализ рынков СНГ и КПГ

В главе содержится информация о географической доступности газа в РК, объемах производства, потребления и импорта топлива, ценах на топливо и импорте топлива, производстве «экологически чистых» автобусов и ценах на них.

Географическая доступность

В соответствии с Концепцией развития газового сектора Республики Казахстан до 2030 года крупнейшие газопроводы страны строились в целях транзита центральноазиатского газа в направлении Российской Федерации и, позднее — Китая. Доля транзита в общем объеме транспортировки газа занимает 80%. Помимо этого, газовые магистрали используются для внутренней транспортировки. Газовые магистрали сосредоточены в основном в западной и южной частях страны (ПрК, 2014).

Объемы производимого, потребляемого и импортируемого топлива

В 2015 году добыча природного газа в газообразном и жидком состоянии составляла 45 506,5 млн. м^3 (Таблица 5.1), в частности:

- природный газ в газообразном состоянии — 21,49 млдр. м^3, в том числе 12,01 млдр. м^3 товарного газа;[1]
- сжиженный природный газ — 251 млн. м^3;
- попутный нефтяной газ, кроме нефтяных газов, полученных в процессе перегонки сырой нефти — 23,76 млдр. м^3.

Таблица 5.1. **Добыча природного газа в газообразном и жидком состоянии в 2013–2016 годы, млн. м^3**

	2013	2014	2015	2016 (1я половина года)
Природный газ в жидком или газообразном состоянии, в том числе:	42 404,8	43 437,8	45 506,5	26 840,2
1. Природный газ в газообразном состоянии *(внутреннее использование + экспорт), в том числе:*	20 564,9	21 278,5	21 493,7	11 964,8
Природный газ в газообразном состоянии *(товарный газ)*	11 273,2	11 697,7	12 008,4	7 242,1
2. Попутный нефтяной газ (без учета нефтяного газа, полученного в процессе перегонки нефти)	21 679,1	21 898,3	23 761,8	14 727,4
3. Сжиженный природный газ	160,8	261,0	251,0	148,0

Источник: МНЭ (2016).

Почти 90% газа природного газа в газообразном состоянии было произведено в Западно-Казахстанской области, 6% — в Мангистауской области, 1,8% — в Восточно-Казахстанской области и 1,4% — в Жамбылской области.

Согласно Концепции развития газового сектора Республики Казахстан до 2030 года в 2013 году «практически половина объема внутреннего потребления приходится на энергопроизводящие организации — 45,2%, промышленные предприятия — 25,5% и население и коммунально-бытовые предприятия — 29,3%. Недавно в Казахстане получило развитие использование товарного газа на транспорте (ПрК, 2014).

Производство КПГ осуществляется непосредственно на АГНКС из сетевого природного газа, и объем производства КПГ равен объему его реализации. В 2015 году в Казахстане было произведено 42,8 млн. м^3 КПГ. Из этого объема 65% было произведено и потреблено в городе Алматы, 21% — в городе Шымкент, 7,5% — в городе Кызылорда, 3,7% — в городе Тараз, 1,4% — в городе Уральск и 0,9% — в городе Рудный. Согласно информации, которую ОЭСР предоставило ТОО «КазТрансГаз Онимдери», импорт КПГ в Республику Казахстан не осуществляется.

На Рисунке 5.1 показана взаимосвязь между общей добычей природного газа в Казахстане — включая газообразные и жидкие формы природного газа (КПГ/СПГ), а также его побочными продуктами (СНГ) — и потреблением КПГ на внутреннем рынке (равное производству КПГ поскольку весь произведенный КПГ потребляется внутри страны). Исходя из данных за первое полугодие 2016 года, можно ожидать, что как производство природного газа, так и КПГ превысят предыдущий год.

Рисунок 5.1. **Взаимосвязь между производством природного газа и КПГ в Казахстане**

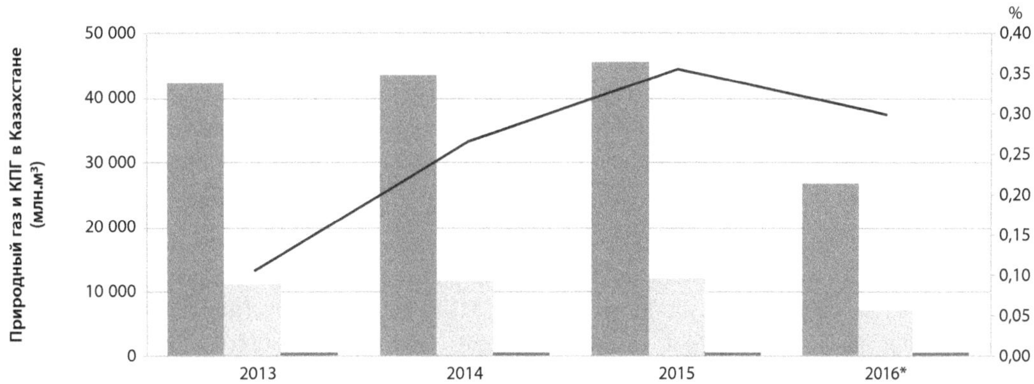

	2013	2014	2015	2016*
Добыча природного газа (1)	42 404,8	43 437,8	45 506,5	26 840,2
Товарный газ (1)	11 273,2	11 697,7	12 008,4	7 242,1
КПГ производство (1)	11,80	31,10	42,80	21,70
КПГ как % от товарного газа (2)	0,10	0,27	0,36	0,30

Источник: ТОО «КазТрансГаз Онимдери» для Министерства энергетики РК.

Примечание: Данные за 2016 год — отражат 1-ое полугодие 2016 года.

По данным предоставленным ОЭСР Департаментом развития газовой промышленности Министерства энергетики, в производстве сжиженного нефтяного газа в 2013–2016 годы наблюдалась тенденция к незначительному росту (Рисунок 5.2). В 2015 году производство СНГ составляло 2,53 млн. тонн. В структуре производства СНГ наибольшая доля приходится на Атыраускую область (51%), Актюбинскую область (15%) и Павлодарскую область (10%).

Рисунок 5.2. **Производство и потребление сжиженного нефтяного газа в Республике Казахстан**

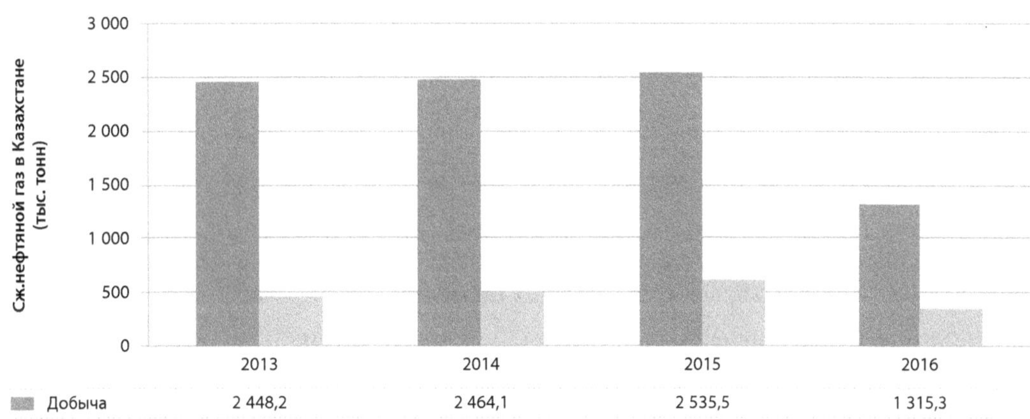

	2013	2014	2015	2016
Добыча	2 448,2	2 464,1	2 535,5	1 315,3
Потребление	464,6	495,7	605,6	346,3

Источник: Данные Департамента развития газовой промышленности Министерства энергетики РК.

Примечание: Данные за 2016 год — отражат 1-ое полугодие 2016 года.

Лишь приблизительно одна четвертая общего объема СНГ, произведенного в 2015 году, приходилась на внутреннее потребление — 605,6 тыс. тонн, или 23,9% общего объема производства СНГ. Однако следует отметить, что доля внутреннего потребления СНГ из года в год растет: с 19% в 2013 году она увеличилась до 26,3% в 2016 году по итогам первого полугодия. В 2015 году основными регионами-потребителями СНГ были: Мангистауская область (26,8% общего потребления), Южно-Казахстанская область (11,5%), Алматинская область (11,4%) и Карагандинская область (7,6%).

Статистика потребления СНГ по направлениям использования не ведется. По неофициальной информации Департамента развития газовой промышленности Министерства энергетики, на потребление СНГ в качестве топлива автотранспорта приходится около половины общего объема потребления (то есть в среднем приблизительно 250 тыс. тонн в год).

При этом согласно Концепции развития газового сектора Республики Казахстан до 2030 года (ПрК, 2014) в общем внутреннем потреблении СНГ более 48% приходится на население и коммунально-бытовые предприятия и приблизительно 42% — на промышленные предприятия. Доля транспорта оценивается в 9% общего внутреннего потребления (в среднем приблизительно 50 тыс. тонн).

Неиспользуемый во внутреннем потреблении СНГ экспортируется. В 2015 году доля экспорта СНГ составляла 76% его производства. С другой стороны, импорт СНГ незначителен и составляет менее 1% общего объема производства.

Цены на топливо

Согласно статье 7-1 закона «О естественных монополиях и регулируемых рынках» (ПаК, 1998), государственное регулирование цен распространяется также на рынок газа (действует до января 2017) и, с учетом особенностей, установленных законом «О газе и газоснабжении» (ПаК, 2012), в том числе на следующие виды услуг: оптовая и (или) розничная реализация сжиженного нефтяного газа; розничная реализация сжиженного нефтяного газа для заправки автотранспорта; оптовая и (или) розничная реализация товарного газа.

По данным предоставленным ОЭСР АО «Информационно-аналитический центр нефти и газа Министерства энергетики», в 2016 году средняя розничная цена на сжиженный нефтяной газ (с учетом 12% НДС) составляла 85,2 тг/кг (0,25 долл. США/кг). Цена разнится в разных областях: от 25,3 тг/кг (0,07 долл. США/кг) в Актюбинской области до 135 тг/кг (0,39 долл. США/кг) в городе Алматы.

Средняя розничная цена (с учетом 12% НДС) на СНГ на газозапровочных станциях составляет 50 тенге за 1 л (0,15 долл. США)[2] КПГ — 57,6 тенге за 1 м^3 (0,17 долл. США). Цены разнятся в разных областях.

В 2016 году средняя розничная цена (с учетом 12% НДС) за 1 л бензина марки АИ-92 составляла 124 тенге (0,36 долл. США), а цена за 1 л летнего и зимнего дизельного топлива, соответственно, 98 тенге и 152 тенге (0,28 долл. США и 0,44 долл. США). Стоимость дизельного топлива и бензина в среднем одинакова.

Таким образом, анализ цен на различные виды топлива показал, что цены на КПГ и СНГ почти в 2,5 раза ниже цен на традиционные виды топлива (бензин, дизельное топливо). Кроме того, бензин и дизельное топливо подлежат акцизному сбору, тогда как КПГ и СНГ нет (Таблица 5.2). Таблица 5.3 содержит информацию о средних ценах на топливо производителей без учета налогов.

Таблица 5.2. **Ставки акцизов на бензин и дизельное топливо**

No.		Ставки акциза за 1 тонну (в тенге)	
		Бензин (кроме авиационного)	Дизельное топливо
1.	Оптовая продажа производителями бензина (за исключением авиационного) и дизельного топлива собственного производства (апрель — октябрь)	10 500	9 300
2.	Оптовая продажа производителями бензина (за исключением авиационного) и дизельного топлива собственного производства (ноябрь — март)	10 500	540
3.	Оптовая продажа физическими и юридическими лицами бензина (за исключением авиационного) и дизельного топлива	0	0
4.	Розничная продажа производителями бензина (за исключением авиационного) и дизельного топлива, использование на собственные производственные нужды (апрель — октябрь)	11 000	9 360
5.	Розничная продажа производителями бензина (за исключением авиационного) и дизельного топлива, использование на собственные производственные нужды (ноябрь — март)	11 000	600
6.	Розничная продажа физическими и юридическими лицами бензина (за исключением авиационного) и дизельного топлива, использование на собственные производственные нужды	500	60
7.	Импорт	4 500	540

Источник: ПрК (2015b).

Таблица 5.3. **Средняя цена на топливо производителей за вычетом НДС и акцизов**

Тип топлива	Единица	2013	2014	2015	2016
Дизельное топливо[a]	тенге/т	103 999	97 192	86 146	85 106
Бензин, в том числе авиационное топливо[b]	тенге/т	96 200	99 888	98 458	-
Бензин (температура перегонки — 30–220°С) для двигателей с искровым зажиганием с содержанием свинца не более 0,013 г/л, без добавок или тетраэтилсвинца (ТЭС) или тетраметилсвинца (ТМС)	тенге/т	96 249	100 068	98 580	111 220
Природный газ[c]	тенге/тыс. м^3	5 258	4 640	4 956	5 426
Актюбинская	тенге/тыс. м^3	7 094	-	-	-
Западно-Казахстанская	тенге/тыс. м^3	3 405	-	-	-
Жамбылская	тенге/тыс. м^3	12 510	-	-	-
Мангистауская	тенге/тыс. м^3	7 720	-	-	-
Сжиженный пропан-бутан[d]	тенге/т	79 096	115 792	63 811	35 069

Примечания: a. Используется среднее арифметическое.

b. Среднее геометрическое.

c. В случае СНГ имеется информация только о сжиженном пропан-бутане.

d. КПГ производится непосредственно из природного газа, поступающего по магистрали, путем его сжатия на автомобильных газонаполнительных компрессорных станциях.

Источник: На основе данных, предоставленных ОЭСР Комитетом по статистике Министерства национальной экономики РК.

Наконец, в Таблице 5.4 приводятся сведения о средних розничных ценах на топливо.

Таблица 5.4. **Средняя розничная цена на разные типы топлива**

Тип топлива		Единица измерения	2013	2014	2015	2016	Источнк
Бензин	Бензин АИ-80	тенге/л	88	89	88	89	1
	Бензин АИ-92	тенге/л	111	119	111	124	1
	Бензин АИ-95, 96	тенге/л	141	149	138	139	1
	Бензин АИ-98	тенге/л	161	165	155	155	1
Дизельное топливо	Дизельное топливо	тенге/л	105	-	-	-	1
	Зимнее дизельное топливо	тенге/л	-	155	149	152	1
	Летнее дизельное топливо	тенге/л	-	110	97	98	1
Природный газ	Газ (природный)[a]	тенге/м^3	11	13	14	15	1
	КПГ	тенге/м^3	50	53	56	58	2
Сжиженный газ	Газ (сжиженный)[a]	тенге/кг	131	142	132	133	1
	Сжиженный газ[a] (в баллонах)	тенге/баллон (=50 л)	2 602	2 607	2 172	2 096	1
	СНГ	тенге/кг	116	110	89	85	3
	СНГ на газонаполнительных станциях (оценка)	тенге/л				51	4

Источники: На основе данных, предоставленных ОЭСР **1.** Комитетом по статистике Министерства национальной экономики РК; **2.** ТОО «КазТрансГаз Онимдери»; **3.** АО «Информационно-аналитический центром нефти и газа» Министерства энергетики РК; **4.** Оценка на основе розничных цен предприятий, занимающих доминирующее положение в отношении розничной реализации СНГ для автотранспортных средств (по данным веб-сайта Комитета по регулированию естественных монополий и защите конкуренции).

Примечание: а. Газ, поступающий по газораспределительным сетям.

Выводы для Программы СРТ

Использование КПГ и СНГ в качестве топлива для автобусов, служащих общественным транспортом, снизит эксплуатационные затраты вследствие более низкой стоимости этого топлива по сравнению с дизельным топливом. Однако улучшенное дизельное топливо, такое как дизельное топливо, соответствующее стандартам Евро-V и Евро-VI, также может служить жизнеспособной альтернативой в случаях, когда КПГ и СНГ недоступны.

Производство и импорт автобусов

В настоящее время производство городских автобусов в Казахстане осуществляется в следующих областях:

- в Костанайской области: автобусы IVECO на базе ТОО «СарыаркаАвтоПром»;
- в Восточно-Казахстанской области: автобусы Daewoo на базе ТОО «Daewoo Bus Kazakhstan»;
- в городе Алматы: автобусы Hyundai на базе ТОО «Hyundai Auto Truck & Bus».

Согласно данным предоставленным ОЭСР Комитетом по статистике Министерства национальной экономики, в 2015 году было произведено всего 295 автотранспортных средств[3] вместимостью 10 и более человек. С другой стороны, по данным Министерства по инвестициям и развитию, общее число произведенных пассажирских автобусов в 2015 году составило 225 единиц, в том числе 7 автобусов, произведенных ТОО «Daewoo Bus Kazakhstan», с двигателями на КПГ. Кроме того, по данным ТОО «Daewoo Bus Kazakhstan», в 2016 году им было произведено 35 автобусов, работающих на КПГ. Двумя другими отечественными компаниями автобусы, работающие на КПГ, не производились.

Помимо этого, бельгийская компания VanHool Engineering планирует открыть производство автобусов в Кызылординской области. В соответствии с планом сотрудничества VanHool и казахстанской СПК «Байконур» (Кызылординская область) предусмотрено взаимное финансирование проекта, общая стоимость которого оценивается в 11 млн. долл. США. На начальном этапе доля Казахстана может составить четверть всего производства. Планируемые к производству автобусы будут работать на электричестве и предназначены для использования в качестве транзитных шаттлов для перевозки прибывающих в аэропорт Астаны туристов к месту проведения выставки ЭКСПО-2017 (Казправда, 18 июня 2016 г. и Время Востока, 20 июня 2016 г.).

С 2010 года начала работу Ассоциация автомобильного бизнеса Казахстана (АКАБ). Это некоммерческая организация, представляющая собой добровольное профессиональное объединение официальных дилеров, импортеров, дистрибьюторов и национальных производителей автомобильного рынка Казахстана, одной из целей которой является содействие развитию отечественной автомобильной промышленности. Как видно на Рисунке 5.3, с 2010 года наблюдается значительный рост производства в автомобильном секторе Казахстана. Несмотря на то, что данные по производству автобусов, не были включены в график, местные производители автобусов могли также извлечь выгоду из развития автомобильного сектора Казахстана (например, когда на рынок входят все больше поставщиков автомобильных деталей).

Рисунок 5.3. **Производство автомобилей, грузовиков и тракторов в некоторых странах ВЕКЦА в 2000–2013 гг.**

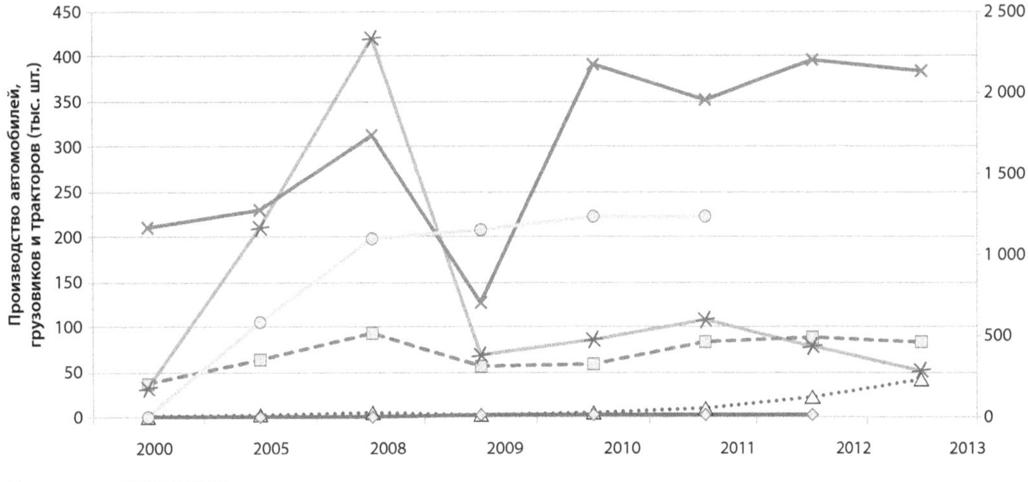

Источник: СНГ (2014).

Цены внутреннего рынка

Согласно данным предоставленным ОЭСР ТОО «СарыаркаАвтоПром», в 2017 году планируется начать производство автобусов ANKAI. В настоящее время осуществляется получение сертификатов на начальное производство автобусов. Оцениваемая цена покупки этих автобусов составляет:

- CNG ANKAI HFF6101GK39C — 39,3 млн. тенге (116 тыс. долл. США);
- Diesel ANKAI HFF6101GK39 — 34 млн. тенге (100 тыс. долл. США).

Согласно данным предоставленным ОЭСР отечественными производителями автобусов, средняя цена на внутреннем рынке на городской автобус крупного класса с дизельным двигателем Евро-IV составляет 38,25 млн. тенге (112 тыс. долл. США) по текущим валютным курсам. С другой стороны, цена на модель, работающую на КПГ, составляла 46,24 млн. тенге (136 000 долл. США). Иными словами, средняя

Таблица 5.5. **Фактическая цена приобретения автобусов**

#	Город	Год приобретения	Модель автобуса	Страна происхождения	Тип двигателя (дизельный, КПГ, СНГ)	Цена за единицу, тенге	Закуплено единиц	Примечания
1	Кызылорда	2015	Zhongtong LCK6105hgc Class-M3	Китай	КПГ	61 867 800	10	Государственные закупки
2	Кызылорда	2016	Zhongtong LCK6105hgc Class-M3	Китай	КПГ	61 867 800	82	Государственные закупки
3	Алматы	2015	Isuzu	Узбекистан	Дизельный	28 067 000	15	Прямая закупка частной транспортной компанией (не государственные закупки)
4	Алматы	2015	Hyundai County (микроавтобус)	Корея	Дизельный	11 149 600	15	Прямая закупка частной транспортной компанией (не государственные закупки)
5	Алматы	2015	Daewoo	Казахстан	Дизельный	17 085 000	5	Прямая закупка частной транспортной компанией (не государственные закупки)
6	Алматы	2016	Hyundai County (микроавтобус)	Корея	Дизельный	11 149 600	5	Прямая закупка частной транспортной компанией (не государственные закупки)
7	Алматы	2016	Yutong	Китай	КПГ	27 802 900	100	Прямая закупка частной транспортной компанией (не государственные закупки)
8	Алматы	2016	Daewoo	Казахстан	КПГ	35 314 583	35	Прямая закупка частной транспортной компанией (не государственные закупки)
9	Алматы	2016	Daewoo	Казахстан	КПГ	37 000 000	2	Прямая закупка частной транспортной компанией (не государственные закупки)
10	Жанаозен (Актауская область)	2015	GAZ 322133 II класс (микроавтобус)	Россия	бензин/ СНГ	3 500 000	4	Прямая закупка частной транспортной компанией (не государственные закупки)
Средняя цена, автобус, работающий на КПГ						**44 770 617**		
Средняя цена, автобус, работающий на дизельном топливе						**16 862 800**		
Средняя цена, автобус, работающий на СНГ						**3 500 000**		

Источник: Данные, собранные ОЭСР от областных и городских акиматов.

разница цен в зависимости от типа двигателя составляла 7,99 млн. тенге (23 тыс. долл. США).

В Таблице 5.5 показаны фактические цены на автобусы, закупки которых проводились в Казахстане последние два года. Эта таблица указывает на явное преимущество цен на модели автобусов отечественного производства, работающие на дизельном топливе и КПГ.

Импорт автобусов

Проведенный анализ импорта автобусов показал, что в 2015 году, общее число импортированных автобусов составило 1 630 единиц, из них 1 419 — новые и 204 — бывшие в эксплуатации. По типам двигателей 331 автобус был дизельным, 1 292 — с двигателями с искровым зажиганием (бензиновые или газовые) и 7 — с прочими типами двигателей.

Импорт товаров в Казахстан регулируется согласно Товарной номенклатуре внешнеэкономической деятельности (ТН ВЭД) Таможенного союза ЕАЭС. Данная классификация по ТН ВЭД позволяет классифицировать автобусы как новые и бывшие в эксплуатации, по типу двигателя (дизельный двигатель или двигатель с искровым зажиганием), однако не позволяет разделить автобусы в зависимости от того, работает ли двигатель на газе или бензине, и отсутствует возможность разделения по экологическому классу ввозимых автобусов.

Как показал анализ импорта в Казахстан, импортная цена на 1 новый автобус составляла в среднем за 1-е полугодие 2016 года 113 000 долл. США за единицу, в 2015 году — 82 946 долл. США за единицу.

Выводы для Программы СРТ

Автобусы отечественного производства, работающие на КПГ и дизельном топливе, приобретать значительно выгоднее, что следует поощрять, с тем чтобы устаревший и изношенный отечественный автобусный парк был заменен.

При разработке Программы *СРТ* следует использовать в качестве допущений следующие цены за единицу:

- автобус, работающий на КПГ — 46 млн. тенге (134 тыс. долл. США); со скидкой при размещении крупного заказа — 35 млн. тенге (103 тыс. долл. США);
- автобус, работающий на КПГ (импортированный) — 33–62 млн. тенге (96–181 тыс. долл. США); со скидкой 23–30 млн. тенге (67–88 тыс. долл. США);
- автобус, работающий на СНГ — 42 млн. тенге (122 тыс. долл. США); со скидкой при размещении крупного заказа — 32 млн. тенге (94 тыс. долл. США);
- автобус, работающий на дизельном топливе (Евро-V или VI) — 38 млн. тенге (111 тыс. долл. США); со скидкой при размещении крупного заказа — 20 млн. тенге (58 тыс. долл. США).

Стоимость проезда в общественном транспорте

В пилотных городах действуют следующие ставки стоимости одного проезда, которые можно взять за образец для прейскурантов в других городах:

- Город Костанай (Акимат г. Костанай, 2013):
  - стандартная — 60 тенге (0,17 долл. США);
  - дети в возрасте до 7 лет — бесплатно; 7–15 лет — полцены — 30 тенге (0,09 долл. США);
  - пенсионеры — 50 тенге (0,16 долл. США);
  - инвалиды по зрению 1ой и 2ой групп, ветераны Великой Отечественной войны — бесплатно.
- Город Шымкент (Акимат г. Шымкент, 2016):
  - стандартная — 70 тенге (0,2 долл. США);
  - дети в возрасте до 7 лет — бесплатно; 7–15 лет — полцены — 30 тенге (0,09 долл. США);
  - пенсионеры — 70 тенге (0,2 долл. США).

Доступное со-финансирование инвестиционных проектов

В данном разделе проводится обзор возможных механизмов совместного финансирования инвестиционных проектов из бюджета (в том числе типов приемлемых бенефициаров) и других внутренних источников включая инвестиционную программу, обсуждаемую в этом анализе. Как показывает обзор национального законодательства, существуют четыре группы возможных механизмов совместного финансирования инвестиционных проектов в транспортном секторе:

- в рамках осуществления проектов государственных инвестиций;
- в рамках программы субсидирования социально значимых видов транспорта;
- в рамках мер по поддержке частного предпринимательства; и
- из прочих источников финансирования.

Они поочередно рассматриваются ниже.

Проекты государственных инвестиций (ПГИ)

Обычно это проекты местного значения, поскольку получатели экономических выгод находятся в области, городе республиканского значения или столице. Одним из условий осуществления проекта в качестве государственного проекта является его включение в одну из государственных бюджетных программ. Согласно Бюджетному кодексу Республики Казахстан (БК) различают два типа ПГИ (РоК, 2008): бюджетные инвестиции, осуществляемые посредством формирования или увеличения уставного капитала компании; и проекты в рамках государственно-частного партнерства.

Бюджетные инвестиции

Бюджетные инвестиции, осуществляемые посредством формирования или увеличения уставного капитала компании (статья 159 БК, РоК 2008) — иными словами, доля государства в уставном капитале муниципального предприятия или юридического лица — осуществляются Правительством Казахстана и местными органами исполнительной власти в порядке, предусмотренном законодательством. В число возможных получателей входят муниципальные предприятия, предоставляющие услуги перевозок, а источником финансирования могут служить республиканский и/или местный бюджеты.

Государственно-частное партнерство

Государственно-частное партнерство (ГЧП) может быть создано во всех секторах (отраслях) экономики, как правило, для предоставления той или иной государственной услуги. По закону «О государственно-частном партнерстве», если инвестиционные расходы на объект проекта, осуществляемого посредством государственно-частного партнерства, возмещаются, объект государственно-частного партнерства подлежит передаче в собственность государства. Возможными получателями могут быть частные компании, предоставляющие услуги (ПаК, 2015).

Программа субсидирования социально значимых видов транспорта

Законом «Об автомобильном транспорте» предусматривается субсидирование местными органами исполнительной власти убытков поставщиков социально значимых видов пассажирских перевозок, если тарифами на такие услуги перевозок, установленными местными органами государственного управления, не обеспечивается рентабельность (РоК, 2013).

В этой связи приказом Министра по инвестициям и развитию были утверждены Правила субсидирования за счет бюджетных средств убытков перевозчиков, связанных с осуществлением социально значимых перевозок пассажиров (МИР, 2015).

Социально значимыми перевозками признаются перевозки пассажиров в регулярном сообщении, оказывающие влияние на социально-экономическое положение общества и организуемые в целях обеспечения финансово доступного уровня тарифов и возможности свободного передвижения населения по территории Казахстана. Перечень социально значимых автомобильных сообщений, подлежащих субсидированию, составляет на трехлетний период местный исполнительный орган соответствующей административно-территориальной единицы.

Убытки от выполнения перевозок определяются как разница между тарифом на перевозку пассажиров, определенным в соответствии с Методикой расчета тарифов на оказание услуг по перевозке пассажиров и багажа по регулярным маршрутам (далее — Методика), и тарифом на социально-значимые автомобильные сообщения, установленным местным исполнительным органом (МТК, 2011).

В тариф, рассчитанный в соответствии с вышеуказанной Методикой, наряду с расходами на топливо, смазочные материалы, ремонт и техническое обслуживание автобусов и заработную плату, закладываются расходы на амортизацию автобусов и необходимый уровень рентабельности.

Потенциальные бенефициары — это компании-перевозчики, обслуживающие социально-значимые маршруты.[4]

Меры по поддержке частного предпринимательства

Также предусмотрены меры государственной поддержки частных компаний. Постановлением Правительства Республики Казахстан была утверждена Единая программа поддержки и развития бизнеса «Дорожная карта бизнеса 2020» (далее — «ДКБ-2020»), целью которой является обеспечение устойчивого и сбалансированного роста регионального предпринимательства, а также поддержание действующих и создание новых постоянных рабочих мест (ПрК, 2015а). Программой «ДКБ-2020» предусмотрены следующие меры финансовой поддержки частных компаний:

- субсидирование процентной ставки по кредитам/договорам финансового лизинга банков/банка развития/лизинговых компаний (оператор — АО «Фонд развития предпринимательства (ФРП) «Даму»);[5]
- предоставление частичных гарантий по кредитам банков/банков развития (оператор — АО «ФРП «Даму»);
- предоставление государственных грантов (оператор — АО «ФРП «Даму»);
- долгосрочное лизинговое финансирование (АО «БРК-Лизинг»);
- развитие производственной (индустриальной) инфраструктуры (выделение средств из республиканского бюджета).

Доверительное управление пакетами акций (долями участия) вышеуказанных компаний, а также других национальных институтов развития, национальных компаний и других юридических лиц принадлежит акционерному обществу «Национальный управляющий холдинг «Байтерек».

Субсидирование процентных ставок

При такой форме финансовой поддержки частично возмещаются расходы, уплачиваемые предпринимателем банку/микрофинансовой организации/лизинговой компании, в обмен на выполнение в будущем определенных условий, относящихся к операционной деятельности предпринимателя. Размеры субсидирования зависят от того, в каких отраслях и городах реализуется проект:

- 7% в случае проектов в приоритетных секторах экономики;
- 10% в случае проектов без отраслевых ограничений в моногородах, малых городах и сельских населенных пунктах;
- 10% в случае проектов в приоритетных отраслях обрабатывающей промышленности;
- 4% и 5% в случае банковских кредитов в иностранной валюте/тенге.

При этом процентная ставка по кредиту составляет не более 19% годовых в случае банка второго уровня и не более 13% в случае банка развития. Срок субсидирования кредита/лизинговой сделки составляет три года с возможностью пролонгации до 6 лет.

Данная мера поддержки применяется в случае осуществления новых инвестиционных проектов; пополнения оборотных средств, но в размере не более 30% размера кредита; приобретения и/или модернизации основных фондов и/или расширения производства.

Гарантии по кредитам

Гарантия по кредиту представляет собой одну из форм государственной поддержки предпринимателей, которая используется для предоставления частичной гарантии в качестве обеспечения исполнения обязательств по кредиту предпринимателя на условиях Программы «ДКБ-2020» и в соответствии с договором гарантии. К числу потенциальных выгодополучателей относятся приоритетные сектора, указанные в Единой программе «ДКБ-2020», и приоритетные сектора обрабатывающей промышленности, указанные в Государственной программе индустриально-инновационного развития Республики Казахстан на 2015–2019 годы (АП РК, 2014). Какие-либо отраслевые ограничения для молодых начинающих предпринимателей и предпринимателей в сельских населенных пунктах, в моногородах и малых городах отсутствуют.

Предусматривается возможность подачи предпринимателем заявления на получении гарантии по кредитам в размере до 180 млн. тенге (52 тыс. долл. США). Размер гарантии для начинающего предпринимателя/начинающего молодого предпринимателя составляет до 80% общей суммы кредита, для действующего предпринимателя — до 50%.

При этом предел процентной ставки по кредиту составляет 19% годовых в случае банка второго уровня и 13% в случае банка развития. Финансирование частичных гарантий по кредитам коммерческих банков/банков развития осуществляется из средств республиканского бюджета за счет целевых трансфертов региональным координаторам Программы «ДКБ-2020».

Гранты

Гранты могут быть предоставлены субъектам малого предпринимательства для реализации новых бизнес-идей в приоритетных секторах экономики и отраслях обрабатывающей промышленности в рамках «ДКБ-2020», в частности:

- начинающим молодым предпринимателям;
- начинающим предпринимателям;
- женщинам, инвалидам и лицам старше 50 лет;
- без отраслевых ограничений в моногородах, малых городах и сельских населенных пунктах.

Максимальный размер гранта в расчете на одного предпринимателя составляет 3 млн. тенге (9 тыс. долл. США). Гранты предоставляются на приобретение основных фондов и материалов; приобретение технологий; приобретение нематериальных активов и приобретение прав на франшизу.

Долгосрочное лизинговое финансирование

Бенефициары этого вида поддержки могут быть предприниматели, реализующие и (или) планирующие реализовать инвестиционные проекты в приоритетных секторах экономики согласно Государственной программе индустриально-инновационного развития Республики Казахстан на 2015–2019 годы (ЕО РоК, 2014), к которым также относится транспорт. Этот вид поддержки предоставляется на следующих условиях:

- участие предпринимателя в проекте — не менее 15% общей стоимости предмета лизинга;

- стоимость предмета лизинга — не менее 150 млн. тенге (44 тыс. долл. США) (в случае отрасли производства товаров широкого потребления — не менее 75 млн. тенге (22 тыс. долл. США);
- срок — до 10 лет;
- процентная ставка — 5%;
- производительность труда — бенефициаров долгосрочного лизингового финансирования берет на себя обязательство по увеличению производительности труда в соответствии с соглашением о мониторинге индустриально-инновационного проекта.[6]

Развитие производственной (индустриальной) инфраструктуры

Развитие производственной (индустриальной) инфраструктуры предполагает создание отсутствующей инфраструктуры для проектов малых и средних предприятий (МСП), направленных на ввод в действие новых производств, а также модернизацию и расширение действующих производств. В данном случае выделение средств осуществляется в соответствии с бюджетным законодательством Республики Казахстан. К числу выгодополучателей относятся:

- предприниматели, осуществляющие деятельность в приоритетных секторах экономики и отраслях обрабатывающей промышленности, определенных Государственной программой индустриально-инновационного развития Казахстана на 2015–2019 гг. (ЕО РоК, 2014) и «Дорожная карта бизнеса 2020» (ПрК, 2015а);
- предприниматели в моногородах, малых городах и сельских населенных пунктах.

Выделенные средства направляются на строительство и реконструкцию следующей инфраструктуры: водоотведение, водоснабжение (бурение скважин для водоснабжения), газификация, водоводы, паропроводы, теплоснабжение котельных для промышленных площадок, водопроводы, железнодорожные тупики, железнодорожные подъездные пути, телефонизация, электрические подстанции, линии электропередачи, септики, парогазовые установки, источники альтернативной энергии. В данном случае создание транспортной инфраструктуры не соответствует критериям применения мер поддержки.

Помимо указанных инструментов финансовой поддержки, субъекты МСП могут претендовать на получение льготных кредитов в зависимости от предлагаемых программ различных институтов развития. Например, АО «ФРП «Даму» предлагает субъектам МСП участие в различных программах обусловленного размещения средств Фонда «Даму» в банках второго уровня и иных организациях для последующего перекредитования предпринимателей на льготных условиях.

Прочие источники финансирования

Прочими источниками совместного финансирования таких проектов могут быть неправительственные организации (НПО) посредством государственного социального заказа, государственные гранты и премии, отличные от вышеуказанных. Финансирование государственного социального заказа, государственных грантов и премий осуществляется за счет бюджетных средств. Например, Фонд развития социальных проектов «Samruk-Kazyna Trust» при содействии государственных министерств и ведомств разрабатывает благотворительные проекты, направленные на решение актуальных социально значимых вопросов и может рассматриваться как потенциальный источник.

Выводы для Программы *CPT*

Как подробно описано в исследовании рынка, частные компании обычно предоставляют услуги общественного транспорта в крупных городах. Это дает возможность адаптировать софинансирование из Программы *CPT*, чтобы стимулировать инвестиции для замены устаревших автобусных парков.

Ввиду более высокой стоимости автобусов, работающих на КПГ и СНГ, по сравнению с новой моделью дизельного автобуса следует предоставить помощь по программе в объеме, необходимом для рентабельности проекта. Это определяется как точка, при которой чистая приведенная стоимость (ЧПС) равна нулю с точки зрения субъекта, осуществляющего инвестиции (см. Приложение В). При таком подходе открывается возможность предоставления помощи непосредственно поставщику услуг или в рамках государственно-частного партнерства, как обсуждалось в главе об институциональных решениях (см. Раздел 6).

Проведенный анализ рынка так же показал, что автобусы отечественного производства работающие на СНГ и дизельном топливе представляет собой отличное преимущество по стоимости приобретения. В связи с этим такое производство должно поощряться и использоваться как способ заменить устаревший и амортизированный внутренний автобусный парк. Поскольку Республика Казахстан имеет богатые запасы природного газа, СНГ, по-видимому, будет является наилучшим видом топлива. Другие решения, такие как трамваи, не были включены в программу, потому что сети слишком малы или вообще отсутствуют, кроме как в Алматы и Астане.

Примечания

1. Природный газ очищается от примесей и поступает для продажи на рынок.
2. Эта средняя цена рассчитывается на основе цен субъектов регулируемого рынка, занимающих доминирующее положение в отношении (являющихся монополистами) розничной реализации сжиженного нефтяного газа в качестве топлива для транспортных средств, указанных на веб-сайте Комитета по регулированию естественных монополий и защите конкуренции Министерства национальной экономики (www.kremzk.gov.kz/eng/).
3. См. http://stat.gov.kz/getImg?id=ESTAT137924.
4. В соответствии с Бюджетным кодексом (РоК, 2008) бюджетные субсидии являются безвозвратными платежами из бюджета физическим и юридическим лицам, в.т.ч. крестьянским и фермерским хозяйствам, управляемым их собственниками, только при отсутствии другого способа выполнения государственных функций и реализации социально-экономических задач развития страны или региона в случаях, предусмотренных законодательными актами Республики Казахстан. К числу возможных получателей относятся частные компании-перевозчики.

5. АО «ФРП «Жасыл Даму». Задача Фонда состоит в содействии качественному развитию МСП в Казахстане путем оказания комплексной поддержки, в частности, посредством широкого спектра финансовых инструментов, и разработке программ повышения уровня квалификации. План состоит в том, чтобы сделать Фонд эффективной государственной организацией, реализующей государственную политику поддержки и развития малых и средних предприятий.

6. После подписания договора о финансовом лизинге между АО «БРК-Лизинг» и предпринимателем Контракт на мониторинг за промышленным инвестиционным проектом подписывается компанией БРК-Лизинг», предпринимателем и АО «Казахстанским институтом развития индустрии». Стандартная форма соглашения о мониторинге промышленных и инновационных проектов утверждается уполномоченным в сфере государственной поддержки индустриально-инновационной деятельности органом. См. ПрК (2015a).

Ссылки

Акимат г. Костанай (2013), «Об увеличении стоимости проезда в общественном транспорте», *Постановление акимата города Костанай № 1396*, Акимат г. Костанай (Костанайская область), Костанай.

Акимат г. Шымкент (2016), «Об установлении единого тарифа на регулярные автомобильные перевозки пассажиров и багажа в городском сообщении в городе Шымкент», *Постановление акимата города Шымкент от 15 апреля 2016 года № 707,* Акимат г. Шымкент (Южно-Казахстанская област), Шымкент. http://adilet.zan.kz/rus/docs/V16UA003718.

Время Востока (20 июня 2016), «В Казахстане создадут производство бельгийских автобусов», *Время Востока.* http://easttime.ru/news/kazakhstan/v-kazakhstane-sozdadut-proizvodstvo-belgiiskikh-avtobusov/11546.

СНГ (2014), *Содружество Независимых Государств в 2013 году — Статистический ежегодник*, Межгосударственный статистический комитет Содружества Независимых Государств, Москва.

ЕЭК (2016), «О техническом регламенте Евразийского экономического союза «Требования к сжиженным углеводородным газам для использования их в качестве топлива», *ТР ЕАЭС 036/2016, Решение № 68 Совета Евразийской экономической комиссии от 9 августа 2016 г. № 68,* Евразийская экономическая комиссия, Москва. https://docs.eaeunion.org/docs/ru-ru/01411590/cncd_19102016_68.

ЕЭК (2015), «О внесеиии изменении в технический регламент Таможенного союза «О требованиях к автомобильному и авиационному бензину, дизельному и судовому топливу, топливу для реактивных двигателей и мазуту», *ТР ТС 013/2011, Решение Совета ЕЭК от 2 декабря 2015 г. № 84,* Евразийская экономическая комиссия, Москва. www.eurasiancommission.org/ru/act/texnreg/deptexreg/tr/Documents/%D0%A0%D0%B5%D1%88%D0%B5%D0%BD%D0%B8%D0%B5%20%D0%A1%D0%BE%D0%B2%D0%B5%D1%82%D0%B0%20%E2%84%96%2084%20%D0%BE%D1%82%202%20

%D0%B4%D0%B5%D0%BA%D0%B0%D0%B1%D1%80%D1%8F%202015%20%D0%B3%20%28%D0%B8%D0%B7%D0%BC%D0%B5%D0%BD%D0%B5%D0%BD%D0%B8%D1%8F%20%D0%B2%20%D0%B1%D0%B5%D0%BD%D0%B7%D0%B8%D0%BD%D1%8B%29.pdf.

Казправда (18 июня 2016) «Производство автобусов VanHool начнут в Казахстане», *Казахстанская правда*. www.kazpravda.kz/news/tehnologii/proizvodstvo-avtobusov-vanhool-nachnut-v-kazahstane/.

МИР (2015), «Об утверждении Правил субсидирования за счет бюджетных средств убытков перевозчиков, связанных с осуществлением социально значимых перевозок пассажиров», *Приказ и.о. Министра по инвестициям и развитию Республики Казахстан от 25 августа 2015 года № 883*, Министерство по инвестициям и развитию РК, Астана. http://adilet.zan.kz/rus/docs/V1500012353.

МНЭ (2016), «Промышленность Казахстана и его регионов, 2011–2015», Комитет по статистике Министерства национальной экономики РК, Астана. http://stat.gov.kz/getImg?id=ESTAT193406.

МТК (2011), «Об утверждении Методики расчета тарифов на оказание услуг по перевозке пассажиров и багажа по регулярным маршрутам», *Приказ Министра транспорта и коммуникаций Республики Казахстан от 13 октября 2011 года № 614*, Министерство транспорта и коммуникации РК, Астана. http://adilet.zan.kz/rus/docs/V1100007297.

МЭ (2015), «Об утверждении Комплексного плана развития рынка газомоторного топлива Республики Казахстан до 2020 года», *Приказ Министра энергетики Республики Казахстан от 25 июня 2015 года № 433*, Министерство энергетики РК, Астана. http://online.zakon.kz/Document/?doc_id=37947886.

ПаК (2015), «О государственно-частном партнерстве», *Закон Республики Казахстан от 31 октября 2015 года № 379-V ЗРК*, Парламент РК, Астана. http://adilet.zan.kz/rus/docs/Z1500000379.

ПаК (2012), «О газе и газоснабжении», *Закон Республики Казахстан от 9 января 2012 года № 532-IV,* Парламент РК, Астана. http://adilet.zan.kz/rus/docs/Z1200000532.

ПаК (1998), «О естественных монополиях», *Закон Республики Казахстан от 9 июля 1998 года № 272*, Парламент РК, Астана. http://adilet.zan.kz/rus/docs/Z980000272_#z60.

ПрК (2015a), «Об утверждении Единой программы поддержки и развития бизнеса «Дорожная карта бизнеса 2020», *Постановление Правительства Республики Казахстан от 31 марта 2015 года № 168,* Правительство РК, Астана. http://adilet.zan.kz/rus/docs/P1500000168.

ПрК (2015b), «Об утверждении ставок акцизов на бензин (за исключением авиационного) и дизельное топливо», *Постановление Правительства Республики Казахстан от 13 марта 2015 года № 133*, Правительство РК, Астана. http://adilet.zan.kz/rus/docs/P1500000133.

ПрК (2014), «Об утверждении Концепции развития газового сектора Республики Казахстан до 2030 года», *Постановление Правительства Республики Казахстан от 5 декабря 2014 года № 1275*, Правительство РК, Астана. http://adilet.zan.kz/rus/docs/P1400001275.

ТС ЕАЭС (2011), «О требованиях к автомобильному и авиационному бензину, дизельному и судовому топливу, топливу для реактивных двигателей и мазуту», *ТР ТС 013/2011, Решение Комиссии Таможенного союза от 18 октября 2011г. № 826,* Комиссия Евразийского таможенного союза, Москва. www.eurasiancommission.org/ru/act/texnreg/deptexreg/tr/Documents/P_826_1.pdf.

EO PoK (2014), "On Approval of the State Program of Industrial-Innovative Development of Kazakhstan for 2015–2019", *Decree of the President of the Republic of Kazakhstan*, No. 874, Executive Office of the President of the Republic of Kazakhstan, Astana. http://invest.gov.kz/uploads/files/2015/12/03/state-program-of-industrial-innovative-development-of-kazakhstan-for-2015-2019.pdf.

EO PoK (2013) "Concept for Transition of the Republic of Kazakhstan to Green Economy", *Decree of the President of the Republic of Kazakhstan*, No. 577, Executive Office of the President of the Republic of Kazakhstan, Astana. http://gbpp.org/wp-content/uploads/2014/04/Green_Concept_En.pdf.

PoK (2013), "On Automobile Transport", *Law of the Republic of Kazakhstan* No. 476, Parliament of the Republic of Kazakhstan, Astana. http://adilet.zan.kz/eng/docs/Z030000476.

PoK (2008), "Budget Code of the Republic of Kazakhstan", *Code of the Republic of Kazakhstan* No. 95-IV, Parliament of the Republic Kazakhstan, Astana. http://adilet.zan.kz/eng/docs/K080000095.

Раздел 6

Институциональные механизмы реализации программы

В настоящем разделе обсуждаются вопросы, касающиеся институционального механизма управления Инвестиционной программой экологически чистого общественного транспорта. Предлагается использовать трехуровневую институциональную структуру, состоящую из следующих субъектов: (i) разработчик Программы CPT, (ii) группа по реализации и (iii) блок технического обеспечения. Кроме того, в данном разделе описывается возможное распределение обязанностей между этими тремя субъектами, а также минимальные правила функционирования, которые следует соблюдать для управления Программой на должном уровне.

Институциональные формы управления государственной инвестиционной программой

Существует целый ряд различных институциональных форм управления бюджетными расходами на охрану окружающей среды. Управление программами простых затрат (например, финансирования научных исследований или образования, приобретение простого оборудования или стандартных услуг) может осуществляться непосредственно путем возложения дополнительных обязанностей на существующие государственные учреждения различных уровней с использованием их штатных сотрудников и обычного бюджетного процесса. Для более масштабных, специализированных программ, особенно для программ, связанных с финансированием капитальных инвестиций, рекомендуется применять особые институциональные механизмы. Эти особые механизмы могут принимать самые разные институциональные формы и требовать создания того или иного типа групп реализации (учреждений-исполнителей) (OECD, 2007).

Выбор наиболее целесообразной формы, как правило, зависит от целого ряда факторов, связанных с источниками финансирования, предусмотренными формами выделения средств и политико-правовой культуры управления в той или иной стране. Независимо от институциональной формы управления бюджетными расходами на охрану окружающей среды, задействованные институциональные структуры и процедуры должны быть нацелены на повышение эффективности природоохранной деятельности, воплощать в себе принципы налогово-бюджетной осмотрительности, а также рационально использовать финансовые и кадровые ресурсы.

На основании имеющегося опыта можно выделить три основные институциональные формы:

- государственные группы реализации;
- экологические фонды и прочие похожие финансовые структуры; и
- финансовые посредники, осуществляющие целевое кредитование либо предоставляющие кредитные линии.

Государственные группы реализации в основном управляют ресурсами государственного бюджета, хотя в рамках одной из таких институциональных форм — проектных групп реализации — также может осуществляться управление ресурсами многосторонних и двусторонних субсидий. Существуют следующие институциональные формы государственных групп реализации:

- правительственный департамент, отвечающий за закупки товаров и услуг либо за финансирование конкретных проектов в рамках государственного бюджета;
- группа по реализации проекта, созданная при правительственном департаменте для реализации проектов в рамках конкретной программы государственных расходов, заложенной в бюджет;
- независимое/децентрализованное подразделение в составе правительства, которое финансируется из бюджета, однако создано с целью размежевания предоставляемых услуг/выполняемых административных функций и процесса разработки стратегии.

Независимо от выбранной институциональной формы государственной группы реализации (учреждения-исполнителя), для успешного осуществления программы требуется наличие потенциала в области отбора, реализации и мониторинга проектов. Для этого должен быть нанят квалифицированный и подготовленный персонал, который будет заниматься исключительно реализацией программы. В странах Центральной и Восточной Европы для реализации экологических программ, в рамках которых ежегодно тратится 50 млн. евро (55 млн. долл. США) и заключается приблизительно 200 контрактов, как правило, нанимается более 20 человек. Для целей программы, обсуждаемой в данном документе, потребуется заключение сравнительно меньшего числа контрактов и осуществление однородных типов инвестиций, что позволяет сократить число нанимаемых сотрудников до 5 человек.

В большинстве случаев институциональный механизм для более крупных (инвестиционных) программ включает как органы реализации, так и надзорный орган. Руководство и сотрудники группы (подразделения) реализации отвечают за текущую деятельность в рамках проектного цикла (выявление, отбор, оценку и мониторинг выполнения проектов), составление ежегодного плана расходов и годового бюджета, мониторинг и подготовку отчетов. Деятельность надзорного органа обычно сосредоточена на принятии стратегических решений, утверждении внутренних рабочих процедур и правил (в том числе критериев приемлемости и оценки для отбора проектов). Подобное разделение ответственности служит в качестве системы сдержек и противовесов и повышает уровень подотчетности программы. Надзорный орган сохраняет за собой право принятия окончательного решения по утверждению финансирования отдельных проектов, рекомендованных к реализации по результатам процесса оценки, проведенного техническим персоналом группы реализации (учреждения-исполнителя).

Передача на аутсорсинг или подряд предполагает заключение контракта между группой реализации и внешним поставщиком на предмет поставки товаров и услуг, которые ранее, как правило, производились внутри организации. В случае выбора данного механизма надлежащей практикой является передача на подряд по итогам проведения тендера на конкурсной основе.

Примером передачи на аутсорсинг (привлечения внешнего подрядчика) является управление дотационными программами, осуществляемое частной консалтинговой компанией «Коммуналкредит Паблик Консалтинг» ГмбХ (Kommunalkredit Public Consulting — *KPC*) по поручению Министерства окружающей среды Австрии. Эта компания управляет программами дотаций Фонда охраны окружающей среды и управления водными ресурсами в качестве уполномоченной организации с 1993 года. Кроме того, она отвечает за реализацию австрийской программы «Совместное осуществление (СО)/Механизм экологически чистого развития (МЭЧР)» и является одним из четырех управляющих недавно созданного Фонда «Климат и энергия». Ежегодно *KPC* управляет более чем 3 000 проектов. Роль *KPC* заключается в консультировании Министерства на этапе разработки программы, по разработке вспомогательных программ, а также в проведении технической, экономической и юридической оценки вспомогательных и консалтинговых проектов. Кроме того, *KPC* дает рекомендации руководящим органам вышеуказанных организаций по составлению контрактов, мониторингу реализации проектов и управлению выделенными средствами. Следует отметить, что после того как в 1993 году Фонд охраны окружающей среды и управления водными ресурсами был передан компании *KPC*, административные расходы на его управление фондами мгновенно сократились в 2,5 раза, а начиная с 2000 года — почти в 5 раз.

На Рисунке 6.1 показана схема управления программой СО/МЭЧР в Австрии.

Рисунок 6.1. **Схема управления программой СО/МЭЧР в Австрии**

Источник: Предоставлено ОЭСР компанией «Коммуналкредит Паблик Консалтинг» ГмбХ.

Предлагаемая схема управления Программой *СРТ*

Институциональная структура должна обеспечивать выделение достаточных ресурсов для достижения целей программы, а также наличие квалифицированного персонала и инструментов для реализации программы. В целом, ответственность за проектирование программы и оценки проектов должна быть четко разделена. За проектирование программы должен отвечать разработчик программы из правительственного учреждения, осуществляющего надзор за управлением программой расходов. Оценка проектов представляет собой технический процесс, осуществляемый техническими специалистами, которые нанимаются на конкурсной основе и несут ответственность за принимаемые ими решения. Группа по реализации должна быть независимой с функциональной точки зрения, а правила и процедуры, разработанные для технических специалистов Программы, должны ограждать ГР от политического давления.

Предлагаемая в настоящем документе институциональная структура состоит из трех уровней: *(i)* разработчик программы (РП), *(ii)* группа по реализации (ГР) и *(iii)* блок технического обеспечения (БТО). Их роли и обязанности детально описаны ниже.

Разработчики программы

Разработчик программы отвечает за проектирование Программы, в частности, отвечает за выполнение следующих задач (разработано на основе OECD, 2007):

- Определение приоритетных природоохранных целей, которые должны быть конкретными, измеримыми, реалистичными и иметь четкие сроки достижения.
- Разработка программы расходов, способствующей достижению общих природоохранных целей. Данная программа должна включать в себя конкретные целевые показатели, оценки расходов, описание приемлемых типов проектов и выгодополучателей, условия финансирования, процедуры, принципы, критерии оценки и отбора проектов, правила осуществления закупок, сроки реализации программы и показатели результативности.
- Определение источников финансирования, размера финансового пакета и программы расходов.
- Выбор оптимального институционального механизма управления программой расходов, в частности определение того, можно ли управлять программой непосредственно путем возложения дополнительных функций на существующие государственные учреждения разных уровней, или же для реализации программы требуется создание специальных институциональных механизмов.
- Выбор и заключение контракта с группой реализации, а также мониторинг ее деятельности по управлению программой расходов.
- Выбор и мониторинг деятельности блока технического обеспечения, необходимой для реализации программы.

Разработчиком программы должно быть Министерство энергетики. При выполнении своих обязанностей разработчик программы (РП) должен консультироваться с другими соответствующими государственными структурами, неправительственными организациями, профессиональными объединениями и местными муниципалитетами. Кроме того, представители данных структур могут приглашаться в качестве консультантов на заседания Наблюдательного совета программы.

Группа по реализации

На группу по реализации (ГР) возлагаются обязанности по разработке правил функционирования программы, как описано в разделе ниже. ГР должна проводить консультации с блоком (блоками) технического обеспечения по вопросам разработки и применения правил функционирования программы. В качестве кандидата на роль группы реализации следует рассмотреть Финансовый центр «Астана» для оказания услуг аутсорсинга.[1] Другой потенциальный кандидат — АО «ФРП «Жасыл даму»,[2] а для пилотного этапа — социально-предпринимательские корпорации[3] на местном уровне. Кроме того, ГР будет заниматься распределением бюджета Программы на конкретный год (или программный цикл) по типам проектов (проектным «корзинам»).

Блок технического обеспечения

Блок технического обеспечения (БТО) оказывает специализированную помощь, дает рекомендации и предоставляет профессиональные знания и опыт в сфере рационального использования энергии и топлива, автобусов, работающих на КПГ и СНГ, современных дизельных автобусов, а также сокращения выбросов в атмосферу загрязняющих веществ и парниковых газов. Такие функции могло бы выполнять, например, Объединение юридических лиц Казахстанская Ассоциация высокотехнологичных, энергоэффективных и инновационных компаний (ОЮЛ «КАВЭИК») (основанный при поддержке ПРООН). Также следует рассмотреть кандидатуру Ассоциации автомобильного бизнеса Казахстана (АКАБ) в качестве некоммерческой профессиональной ассоциации официальных дилеров, импортеров, дистрибьюторов и отечественных производителей на автомобильном рынке Казахстана. В качестве БТО можно привлечь также другие организации, если это будет необходимо и целесообразно.

Минимальные элементы правил функционирования

Для эффективной реализации программы группа по реализации (ГР) должна разработать и опубликовать правила функционирования и работы. Минимальными базовыми элементами таких правил являются:

- определения;
- общие положения;
- определение приемлемых проектов;
- правила присуждения субсидий;
- изменение или прекращение действия договора на предоставление субсидии;
- процедуры пересмотра Программы.

Как правило, максимальный размер субсидии (дотации) для проекта не должен превышать 50% средств, выделяемых целевым назначением на проекты применимого типа в утвержденном годовом финансовом плане ГР.[4] Это делается с целью привлечения ресурсов из других источников, а также для того, чтобы получатель субсидии был заинтересован в успешной реализации проекта в силу использования собственных ресурсов.

В рамках этой конкретной программы и с учетом характера инвестиций, размер субсидии, присуждаемой группой реализации, не должен превышать:[5]

- 70% инвестиционных затрат на замену автобусов;
- 70% инвестиционных затрат на сопутствующие инвестиции (например, выделение отдельных полос для движения автобусов или строительство газозаправочных станций для КПГ).

В договоре о предоставлении субсидии должны быть подробно изложены, как минимум, следующие условия:

- размер присуждаемой субсидии (в абсолютном выражении или как доля в общих инвестиционных затратах по проекту);
- дата начала и окончания проекта, подлежащего финансированию, а также планируемый экологический эффект (воздействие на окружающую среду);

- дата перечисления получателю всей суммы субсидии или ее частей;
- полномочия группы реализации по контролю использования присужденной субсидии, а также способ обеспечения возможного возврата субсидии в том случае, если заявленные цели проекта не будут достигнуты;
- обязательства конкретного получателя субсидии согласно договору с группой реализации Программы;
- условия, при которых договор теряет силу;
- последствия расторжения договора.

Существуют прочие процедурные правила, которые также должны быть приняты во внимание, например:

- субсидия может быть перечислена заявителю сразу в полном объеме либо по частям (траншами);
- часть субсидии может быть перечислена авансом в размере до 20% общей стоимости проекта в тех случаях, когда без перечисления аванса невозможно начать реализацию проекта;
- получатель аванса по дотации обязан вернуть ГР всю сумму процентного дохода, полученного в результате хранения дотационных средств на своем банковском счете (либо же данная сумма вычитается из дальнейших траншей);
- даты перечисления дотационных траншей определяются ГР исходя из имеющихся в ее распоряжении средств и по итогам рассмотрения предложения заявителя, изложенного в заявке;
- финансовые средства в рамках субсидии перечисляются исключительно с целью осуществления необходимых платежей, указанных получателем субсидии (дотации). Получатель предоставляет ГР полный доступ к оригиналам счетов-фактур, составленных подрядчиками и поставщиками.

В разработанном ОЭСР «Руководстве по оценке экологических проектов, финансируемых за счет государственных средств» (*OECD Handbook for Appraisal of Environmental Projects Financed from Public Funds*) подробно обсуждаются все соответствующие правила, которые должны быть учтены при определении правил функционирования и процедур группы реализации программы (OECD, 2007).

Продвижение программы

Продвижение Программы является неотъемлемой частью ее успешной реализации. Пакет мероприятий по продвижению Программы должен включать в себя следующие элементы:

- отправка информации местным органам власти и распространение информации среди потенциальных бенефициаров;
- предоставление правил Программы местным органам власти и распространение данной информации среди потенциальных выгодополучателей;
- поддержка и сопровождение веб-сайта ГР, на котором выкладывается соответствующая информация о правилах присуждения субсидий и формы для заявок;
- информация для печатных СМИ.

Расходы на продвижение Программы должны быть включены в стоимость Программы.

Государственно-частное партнерство

Учитывая тот факт, что предлагаемая программа включает в себя проекты развития общественного транспорта, предусматривающие замену старых автобусов на новые, работающие на экологически чистых видах топлива автобусы, а также то, что реализация подобных проектов зачастую приводит к экономии эксплуатационных расходов, в качестве механизма реализации проектов следует рассмотреть государственно-частное партнерство.

Возможной моделью данного механизма является создание компании (обладающей транспортной базой, но не являющейся оператором общественного транспорта) при участии государственной структуры (местный акимат) и частной транспортной компании, при этом каждая из сторон сделает собственный вклад в уставный капитал компании (например, доля госструктуры в уставном капитале может составить 49%, а доля частного юридического лица — 51%). Затем государственно-частное партнерство (ГЧП) закупит новые автобусы, используя для этого вышеупомянутый капитал, и сдаст эти автобусы в аренду частной транспортной компании. Арендная плата будет незначительной или относительно небольшой при условии, что транспортная компания будет предоставлять некоторые дополнительные услуги, такие как техническое обслуживание. Компания может генерировать небольшую прибыль, которая, в свою очередь, будет выплачиваться владельцам в форме дивидендов.

Для эффективной работы ГЧП нужно обеспечить интересы/выгоду для обеих сторон, участвующих в его финансировании. К примеру, вклад акимата в уставный капитал может быть со временем ему возвращен (путем выкупа акций частным партнером в течение определенного периода времени). Как вариант, госструктура может вернуть часть инвестированных средств в виде дивидендов, выплаченных компанией. Согласно результатам проведенных интервью, покупку новых автобусов также можно стимулировать путем введения более строгих ограничений по сроку службы автобусов либо через выделение национальных/областных субсидий на инвестиционные затраты ГЧП. При правильной разработке данные субсидии могут помочь избежать увеличения платы за проезд.

Опыт аналогичных проектов в других городах показывает, что создание ГЧП в секторе общественного транспорта дело не простое, и влечет за собой риски, которые не всегда могут привести к выбору оптимального решения. Однако проблемы не обязательно исключают успех модели ГЧП как таковой. В одном из пилотных городов была создана новая транспортная компания при участии Акимата города Шымкент и компании ТОО «Green Bus Company» (доля Акимата в уставном капитале — 49%, а доля ТОО «Green Bus Company» — 51%) (BNews KZ, 14 July 2016). ТОО «Green Bus Company» обслуживает девять автобусных маршрутов в Шымкенте. Кроме того, компания Tolebi Sauda участвует в трехстороннем меморандуме, заключенном с Акиматом и ТОО «Green Bus Company», по условиям которого Tolebi Sauda должна обеспечивать бесперебойную заправку топливом (газом) 400 автобусов за смену. Такое сотрудничество может дать дополнительный импульс к развитию взаимного сотрудничества для обеих сторон. Создание любой схемы ГЧП должно начинаться с выявления и четкого понимания рисков реализации, а риски и связанные с ними последствия должны быть четко обозначены каждой из сторон.

Необходимость дополнительных стратегических действий.

Различные регулятивные барьеры могут помешать успешному осуществлению даже хорошо продуманной инвестиционной программы. Поэтому важно, чтобы правительство пересмотрело соответствующую нормативно-правовую базу и по мере возможности устранило данные барьеры, прежде чем какая-либо подобная программа будет разработана и профинансирована. Некоторые ключевые барьеры, непосредственно влияющие на осуществление Программы, представлены ниже.

Решение проблемы ключевых регулятивных барьеров

Выявленные в рамках данного исследования ключевые барьеры, мешающие развитию экологически чистого общественного транспорта, зачастую аналогичны проблемам, с которыми сталкиваются в других странах. Для успешного осуществления программы правительству необходимо:

- **Ужесточить нормы выбросов отработанных газов (дизельных) двигателей и приблизить их к Европейским:** Казахстан значительно отстает в плане разработки и внедрения современных норм выбросов выхлопных газов легковых автомобилей, а также грузовых автомобилей большой грузоподъемности и автобусов. Технические нормативы выбросов, соответствующие стандарту Евро-4, до сих пор не введены в действие, в то время как на территории ЕС данный стандарт вступил в силу еще в 2005 году. Более того, с 2014 года в странах ЕС действует стандарт Евро-6. Поддержка местного производства чистых двигателей будет также стимулировать использование чистого топлива.
- **Усилить стандарты качества (дизельного) топлива**: Невозможно ввести в действие новые нормы выбросов дизельных двигателей, если предлагаемое на внутреннем рынке топливо не соответствует определенным стандартам. Ведь современные двигатели включают в себя оборудование, чувствительное к низкому качеству топлива. Кроме того, объем выбросов SO_2 напрямую зависит от уровня содержания серы в топливе.
- **Усилить стандарты технического осмотра**: Хотя автобусы проходят техосмотр в обязательном порядке, контроль уровня выбросов не является строгим. Таким образом, владельцы автобусов не заинтересованы в повышении экологических стандартов и снижении уровня вредных выбросов.
- **Ввести адекватные ценовые сигналы**: Хотя КПГ и СНГ стоят дешевле дизельного топлива, автобусы, работающие на таком топливе, стоят дороже (или же требуется установка дополнительного оборудования). Соответственно, операторы общественного транспорта получают очень слабый сигнал о том, что необходимо переходить на экологически чистые виды топлива. ПРООН провела исследование, результаты которого четко указывают на необходимость введения налоговых льгот для транспортных средств, работающих на КПГ и СНГ, и владельцев станций заправки этими видами топлива (UNDP, 2015).
- **Увеличить поддержку производителей экологически чистых автобусов**: Хотя Казахстан производит некоторое число автобусов (в городах Костанай и Семей), местные производители автобусов не имеют никаких стимулов использовать экологически чистые двигатели. Обладая богатыми

месторождениями природного газа, Казахстан обязан поощрять местных производителей экологически чистых двигателей, что в свою очередь будет стимулировать потребление экологически чистых видов топлива. Хотя данная Программа сфокусирована на операторах общественного транспорта, следует разработать еще одну программу, нацеленную на стимулирование производства и закупок экономичных автобусов, работающих на альтернативных видах топлива (КПГ, СНГ) и обеспечивающих низкий уровень выбросов CO_2.

Регулирование тарифной системы для городского общественного транспорта

Тарифная система городского общественного транспорта (продажа проездных билетов) должна быть разработана таким образом, чтобы максимально обеспечить благосостояние и пассажиров и поставщиков услуг общественного транспорта с поправкой на бюджетные ограничения и пропускную способность, о которых речь идет ниже.

Выгода для поставщиков транспортных услуг можно определить вычитая издержки из доходов. Выгода для пользователей данной услуги может быть определена, как усредненная цена, которую граждане готовы заплатить за проезд, прежде чем отказаться от услуг общественного транспорта, минус усредненная фактическая стоимость билета. До известной степени, между выгодой для поставщика и выгодой для пользователя может быть отрицательная корреляция.

Учитывая экономическое и финансовое положение поставщиков услуг общественного транспорта в Республике Казахстан, основное внимание следует уделить обеспечению выгоды для поставщика. Таким образом, выгода для пользователей услуг должна быть минимизирована, насколько это возможно (быть максимальной приближенной к нулю).

Помимо одноразовых билетов, как вариант, следует также пересмотреть абонементные проездные билеты. Абонементные проездные билеты, как правило, пользуются особым спросом у пассажиров, не владеющих собственными транспортными средствами и поэтому они менее чувствительны к изменению тарифов. С другой стороны, в развивающихся странах лица, не владеющие собственным автомобилем, обычно относятся к категориям населения с низкими доходами, в отличие от населения развитых стран.

Как правило, система тарифов на разовые билеты/месячные абонементы считается более удобной для операторов общественного транспорта, в то время как система тарифов с привязкой к протяженности маршрута считается ориентированной на пользователей услуг (и более сложной с технической точки зрения для операторов). Кроме того, система тарифов на разовые билеты/месячные абонементы, как правило, является более привлекательной для пассажиров, передвигающихся на большие расстояния, а система тарифов с привязкой к протяженности маршрута является более выгодной для пассажиров, передвигающихся на небольшие расстояния.

И, наконец, используя систему тарифов с привязкой к протяженности маршрута, оператор получает информацию не только о числе поездок, совершенных на данном маршруте за определенный период времени, но также и о средней длине путешествия, которое совершает пассажир за определенный период времени. Данная информация может оказаться полезной для принятия оптимальных управленческих решений.

Изменения в тарифной системе в сочетании с внедрением отдельных автобусных полос и интеллектуальных светофоров могли бы помочь улучшить систему общего управление общественным автомобильным транспортом в Казахстане.

В 2016 году ПРООН провела обсуждения по этим вопросам с представителями некоторых акиматов, и они совместно предложили поправки в соответствующем тарифном законодательстве.

Улучшение межведомственного сотрудничества в осуществлении транспортной стратегии

Для успешного решения вопросов связанных с охраной окружающей среды и общественного здравоохранения путем внедрения новых инвестиционных проектов в экологически чистые технологии для городского общественного транспорта требуется эффективное межведомственное сотрудничество. Хотя опыт других проектов показал, что такое сотрудничество порой бывает сложным, привлечение других министерств, помимо Министерства энергетики, может увеличить вероятность успеха реализации транспортной программы. В частности, таким министерством является Министерство по инвестициям и развитию (и особенно Транспортный комитет), которое играет решающую роль в этом процессе. Один из способов увеличить значимость развития экологически чистого транспорта, что к слову, не является на сегодняшний день приоритетом для Министерства, внедрить четкие экологические показатели (например, показатели качества воздуха) в стратегические и политические документы, связанные с транспортом. Более тесное сотрудничество могло бы также улучшить сбор и анализ данных по городскому транспорту. Некоторые данные (например, срок эксплуатации автобусных парков, типы используемого топлива) собираются не на национальном уровне, а отдельно от каждого акимата. Это не позволяет правительству видеть полную картину и в свою очередь не дает возможность разработать адекватную политику в области чистого транспорта. Кроме того, Министерство финансов и Министерство экономики могли бы также поддержать программу использования низкоуглеродного транспорта в Казахстане.

Изменение политики в области государственных тендеров по предоставлению услуг общественного транспорта для городских центров

В настоящее время с большинством операторов общественного транспорта заключаются краткосрочные контакты. Такой подход поощряет планирование на краткосрочную перспективу среди операторов и побуждает их минимизировать капиталовложения, чтобы успеть окупить инвестиции до окончания действия контракта. Таким образом, операторы выбирают самые дешевые и старые автобусы, которые загрязняют окружающую среду.

Изменение существующей практики заключения краткосрочных контрактов и переход на заключение среднесрочных либо долгосрочных контрактов позволит привлечь к сотрудничеству операторов, которые будут инвестировать средства в современный автопарк.

В настоящий момент ПРООН и ЕБРР проводят проект для устранения некоторых основных недостатков открытых тендерных процедур в Казахстане.

Стимулирование энергоэффективности в общественном транспорте

Экономия топлива и, следовательно, затрат может быть достигнуты за счет повышения эффективности эксплуатации общественного транспорта. Например, выделенные полосы для движения автобусов может уменьшить необходимость использования педали тормоза. В автошколах можно также ввести курсы экономного вождения для водителей автобусов, т.е. технику вождения, которая поможет снизить расход топлива.

В 2013 г., город Алматы — при поддержке проекта ПРООН/ГЭФ «Устойчивый транспорт г. Алматы» (5-летний проект начатый в 2011 г.) — разработал и принял «Стратегию устойчивого транспорта на 2013–2023 годы» (Акимат г. Алматы, 2013). Среди прочего, проект Устойчивого транспорта ПРООН-ГЭФ поддерживает меры, направленные на популяризацию езды на велосипеде, такие как ежегодные детские велогонки и тренировки в школах велоспорта. В 2014 году мэром Алматы были представлены и одобрены проекты строительства скоростного автобусного транспорта (Bus Rapid Transit — *BRT*) и новых велодорожек.[6]

Сочетание усовершенствованного законодательства с одной стороны и финансовой поддержке государства с другой, скорее всего, приведет к модернизации автобусного парка в Казахстане и тем самым приведет к значительному сокращению выбросов парниковых газов и загрязняющих веществ в атмосферу.

Выводы для Программы *СРТ*

После того, как все элементы программы будут разработаны, а приоритеты выбраны, необходимо подобрать оптимальную организационную структуру для управления всеми ресурсами данной инвестиционной программы. Можно принять ряд различных принципов управления программой. Тем не менее, независимо от организационной формы, управления программой необходимо создать институциональные структуры и процедуры, которые будут способствуют экологической эффективности, воплощать фискальную осмотрительность и эффективно использовать финансовые и людские ресурсы.

Примечания

1. См. www.aifc.kz/. Международный финансовый центр «Астана» (МФЦА) является финансовым центром для стран Центральной Азии, Кавказа, Евразийского экономического союза, Ближнего Востока, Западного Китая, Монголии и стран Европы. В настоящее время МФЦА не считает для себя возможным выполнять функции Группы Реализации. Тем не менее, МФЦА может оказать поддержку в привлечении льготных финансов, например, на основе налоговых льгот, налога на доходы физических лиц, корпоративного подоходного налога или налога на землю и имущество до 2066 года.

2. Больше информации о АО «ФРП «Жасыл даму», см. http://zhasyldamu.kz/en. Основной задачей «ФРП «Даму» является создание условий для сохранения, восстановления и улучшения состояния окружающей среды.

3. Социально-предпринимательские корпорации и институты регионального развития. В Казахстане существует 16 таких корпораций.

4. Цифры приведены в качестве примера.

5. Учитывая характер проектов, предлагаемых для финансирования, уровень присуждаемой субсидии должен обеспечить условия, при которых чистая приведенная стоимость (ЧПС) проекта будет равна нулю.

6. Коридор *BRT* — это участок дороги или смежных дорог, исключительно для автобусных маршрутов с ми-нимальным расстоянием от 3 километров и выделенными полосами автобусов. Подробная информация о ПРООН в Казахстане и об проекте «Устойчивый транспорт г. Алматы» см. www.kz.undp.org/content/kazakhstan/en/home/operations/projects/environment_and_energy/city-almaty-sustainable-transport.html.

Ссылки

Акимат г. Алматы (2013), «Стратегия устойчивого транспорта города Алматы на 2013-2023 годы», Акимат города Алматы, Алматы. http://alatransit.kz/ru/content/strategiya-ustoychivogo-transporta-galmaty.

BNews KZ (14 July 2016), "New Transport Company Shymkent Bus Created in Shymkent", *BNewsKZ*. http://bnews.kz/en/news/obshchestvo/new_transport_company_shymkent_bus_created_in_shymkent-2016_07_14-1281280.

OECD (2007), *Handbook for Appraisal of Environmental Projects Financed from Public Funds*, OECD Environmental Finance Report, Organisation for Economic Co-operation and Development, Paris. www.oecd.org/env/outreach/38786197.pdf.

UNDP (2015), *Energy Efficiency in Transport Sector of the Republic of Kazakhstan: Current Status and Measures for Improvement*, Analytical Report, UNDP/GEF Project City of Almaty Sustainable Transport, United Nations Development Programme, Almaty. http://alatransit.kz/sites/default/files/energy_efficiency_in_transport_sector_of_the_republic_of_kazakhstan.pdf.

Раздел 7

Предлагаемые процедуры управления проектным циклом

Данный раздел содержит обзор процедур управления проектным циклом (УПЦ), которые были разработаны для каждого из проектов, ставших частью данной Программы. По существу, процедуры УПЦ являются сферой ответственности группы реализации. Хорошо продуманная процедура УПЦ позволяет обеспечить соревнование между однотипными проектами за право получения государственной поддержки и выбрать среди них наиболее экономически эффективные проекты для дальнейшего финансирования и реализации.

Пилотный этап

В процессе подготовки программного документа по экологически чистому общественному транспорту для участия в пилотном этапе проекта были выбраны два города (Костанай, Шымкент). Таким образом, для осуществления пилотного этапа проекта рекомендуется следовать упрощенной процедуре, основанной на проведении переговоров между администрациями городов, областными акиматами и выгодополучателями (частные операторы системы общественного транспорта). Министерство энергетики как ответственный орган государственного надзора за выполнением программы должно дать четкие указания местным администрациям касательно следующего:

- сумма средств, выделенных каждому городу для реализации пилотного этапа проекта;
- максимально допустимая доля участия государственных средств в совместном финансировании;
- пилотные проекты должны соответствовать критериям приемлемости, описанным в Приложении D.

После проведения успешных переговоров с бенефициарами, соответствующие акиматы должны управлять и контролировать процесс реализации пилотных проектов на местном уровне. Большую часть этих функций акиматы могут выполнять с помощью АО «Национальная компания «Социально-предпринимательская корпорация», чьи представительства присутствуют в каждом регионе Республики Казахстан.[1] Общая процедура реализации и мониторинга пилотного этапа проекта должна быть аналогична процедуре, предусмотренной для второго этапа.

Второй этап

Управление проектным циклом, во время второго этапа программы, будет более комплексным. Он будет состоять из нескольких отдельных этапов, которые включают в себя: *(i)* идентификация приемлемых проектов, *(ii)* разработка проектов, *(iii)* проверка на соответствие критериям приемлемости, *(iv)* оценка и ранжирование проектов, *(v)* отбор проектов для финансирования, *(vi)* финансирование проектов, *(vii)* реализация проектов. Каждый из этапов подробно описан в последующих пунктах.

Идентификация приемлемых проектов

Первым этапом управления проектным циклом (УПЦ) является идентификация приемлемых проектов, которые отвечают стратегическим и текущим целям государственной политики в области экологии/климата и энергетики, а также целям, определенным в данной Программе *СРТ*. Как уже упоминалось ранее, приемлемые проекты будут выбираться по следующим направлениям деятельности:

- Замена автобусов со сроком эксплуатации более 10 лет, используемых в общественном транспорте в городских центрах, на экологически чистые модели автобусов, оснащенных дизельными двигателями и двигателями, работающими на КПГ и СНГ.
- Все прочие инвестиции (проведение исследований, строительство газозаправочных станций для КПГ, создание сервисов технического

обслуживания и ремонта новых автобусов, а также дополнительные инвестиции с целью улучшения качества услуг общественного транспорта) должны сопровождаться заменой старых автобусов на одну из трех экологически чистых моделей (автобусы, работающие на КПГ, СНГ или дизельные автобусы).

- Приемлемыми для финансирования в рамках данной программы являются только инвестиционные проекты (т.е., проекты, требующие капиталовложений). Группа по реализации будет ежегодно пересматривать перечень приемлемых проектов, чтобы обеспечить соответствие данного перечня государственной политике в области экологии/климата и энергетики.

Разработка проектов

На втором этапе определяется способ разработки проектов. В рамках конкурса заявок (КЗ) группа по реализации будет активно продвигать Программу *СРТ* путем распространения информации о ней. Данная деятельность включает в себя публикацию инструкций по оформлению заявок, и распространению среди потенциальных бенефициаров. В инструкции должны быть описаны приемлемые проекты и выгодополучатели, критерии приемлемости и оценки, а также тип финансирования. Кроме того, форма проектной заявки будет распространяться вместе с руководством о том, как ее заполнять (образец формы проектной заявки представлен в Приложении С к данному отчету).

Проверка на соответствие критериям приемлемости

Группа по реализации выберет небольшое число экспертов (подразделение) в рамках своей структуры, которые будут заниматься анализом и оценкой проектов. Это подразделение должно быть укомплектовано техническими и финансовыми специалистами, способными оценить соответствие проекта целям Программы *СРТ* и критериям приемлемости, исходя из своих знаний в соответствующей области.

Оценка приемлемости включает в себя анализ проектов на соответствие критериям приемлемости (более детальная информация в Приложении Е). Если проект не соответствует критериям приемлемости (т.е., если хотя бы на один вопрос в оценке приемлемости получен ответ “нет”), проект отклоняется и заявителю отправляется соответствующее письмо. Отклоненный проект может быть заново рассмотрен и оценен техническими и финансовыми экспертами во время следующего КЗ после внесения изменений и повторной подачи данного проекта.

ГР также проверяет проектную заявку на полноту предоставленной информации; после того, как станет ясно, что потенциальный выгодополучатель предоставил всю необходимую информацию, проект отправляется на содержательную оценку и ранжирование. Процедура оценки приемлемости должна занять не более 10 рабочих дней с момента получения всех проектных предложений, поданных до истечения срока КЗ.

Если проект соответствует критериям приемлемости, но потенциальный выгодополучатель не предоставил всю необходимую документацию, ГР обращается к потенциальному бенефициару и запрашивает дополнительные разъяснения. Если недостающая информация и/или документация может быть предоставлена в течение 5 рабочих дней с момента обращения ГР к соответствующему потенциальному выгодополучателю, проект получает право на прохождение содержательной оценки и ранжирования.

Оценка и ранжирование проектов

После этого, подразделение, ответственное за оценку приемлемости проекта, приступает к содержательной оценке и ранжированию проектов, прошедших предварительный отбор. Те проекты, которые успешно прошли оценку приемлемости (т.е., проекты, получившие ответ "да" на **все** вопросы в рамках критериев приемлемости), затем проходят полную **проектную оценку**.

Данная оценка проводится на основании критериев (изложенных в Приложении Е) и пояснений к выставляемым баллам и весовым коэффициентам, которые присваиваются каждому критерию или группе критериев. Вкратце, каждый из допущенных к содержательной оценке проектов проверяется на соответствие всем критериям оценки. Существуют пять групп критериев оценки (в частности: степень готовности проекта, место реализации проекта, тип проекта, объем проекта и экологическая эффективность). На основании этой проверки проекту присуждают баллы по каждому критерию. Баллы в рамках каждой из пяти групп критериев суммируются и умножаются на весовой коэффициент соответствующей группы критериев. Процесс технико-экономической оценки прошедших предварительный отбор проектов должен быть завершен в течение 30 рабочих дней от даты закрытия КЗ.

Затем эксперты ГР, назначенные для содержательной оценки и ранжирования заявленных проектов, на основании полученных сумм взвешенных баллов ранжируют проекты по принципу наибольшего соответствия целям программы. При этом проекты, наиболее соответствующие целям Программы *СРТ*, располагаются вверху ранжированного перечня, а наименее соответствующие — внизу перечня. Затем ранжированный перечень используется для отбора проектов с целью их дальнейшего финансирования и реализации.

Отбор проектов для финансирования и реализации

После прохождения предыдущих двух этапов (проверки на соответствие критериям приемлемости и содержательной оценки), происходит отбор проектов с целью их дальнейшего финансирования и реализации. Это подразумевает отбор проектов из ранжированного перечня в порядке «сверху вниз». Процесс отбора проектов для их дальнейшего финансирования и реализации длится до момента исчерпания бюджетных средств, выделенных на соответствующий тип проекта либо на всю Программу *СРТ* (в зависимости от того, что наступит раньше) в рамках соответствующего КЗ.

Руководство ГР письменно сообщает заявителям, подавшим проектные заявки и подтверждающую документацию по проектам, вписывающимся в бюджетные рамки, о том, что их проекты были выбраны для дальнейшего финансирования и реализации. Этот процесс должен быть завершен в течение 30 рабочих дней с даты закрытия КЗ.

Финансирование проектов

После завершения ранжирования и отбора приоритетных проектов для финансирования и реализации с учетом имеющихся в наличии финансовых средств, разрабатывается предлагаемое финансирование проекта. Данный процесс включает в себя определение размера субсидии, необходимого для того, чтобы проект был жизнеспособным, то есть чистая приведенная стоимость (ЧПС) должна быть равна нулю или быть больше нуля.

После определения предлагаемого графика финансирования ГР приглашает заявителя на переговоры и подписание контракта (либо же создается государственно-частное партнерство по схеме, описанной ниже).[2] В контракте должны быть указаны права и обязанности каждой из сторон, меры, которые должны быть приняты в случае, если выгодополучатель не будет выполнять условия контракта, а также график платежей для обеспечения финансовой поддержки. Этот процесс должен быть завершен в течение 60 рабочих дней от даты закрытия КЗ.

Реализация проектов

Если поставщик новых автобусов еще не был выбран, бенефициар приступает к проведению тендера (в соответствии с законом о государственных закупках, если закупки бенефициара подпадают под действие данного закона). Согласно условиям контракта с выгодополучателем после начала реализации проекта ГР сохраняет за собой право инспектирования и контроля за ходом выполнения проекта, в том числе, но не ограничиваясь следующим:

- сравнения фактических и планируемых результатов в натуральном выражении (например, число новых автобусов, габариты новых автобусов (длина не менее 10 м), тип двигателя и т. д.);
- проверки факта использования автобусов для предоставления услуг общественного транспорта в городских центрах;
- осуществления мониторинга сопутствующих инвестиций.

Расчеты с подрядчиками

Одним из важных элементов во время реализации проекта является расчет с подрядчиками. Предлагается три варианта расчетов:

- Вариант 1 — ГР перечисляет средства бенефициару, который в последствии оплачивает счет выставленный подрядчиком/поставщиком.
- Вариант 2 — ГР согласовывает объемы финансирования с бенефициаром но рассчитывается непосредственно с подрядчиком/поставщиком после получения от него копии счета.
- Вариант 3 — создается государственно-частное предприятие в которое вносится государственный и капитал и финансовые средства бенефициара, ГР переводит денежные средства в новую компанию — которая использует их в последствии для рассчетов с подрядчиками/поставщиками.

Схемы трех данных вариантов изображены на Рисунках 7.1–7.3.

- Средства государственной поддержки переводятся бенефициару, который организует тендер для выбора подрядчика, после завершения работ подрядчик выставляет счет, который оплачивает бенефициар.

Рисунок 7.1. **Схема платежей, Вариант 1 — Бенефициар получает государственные средства**

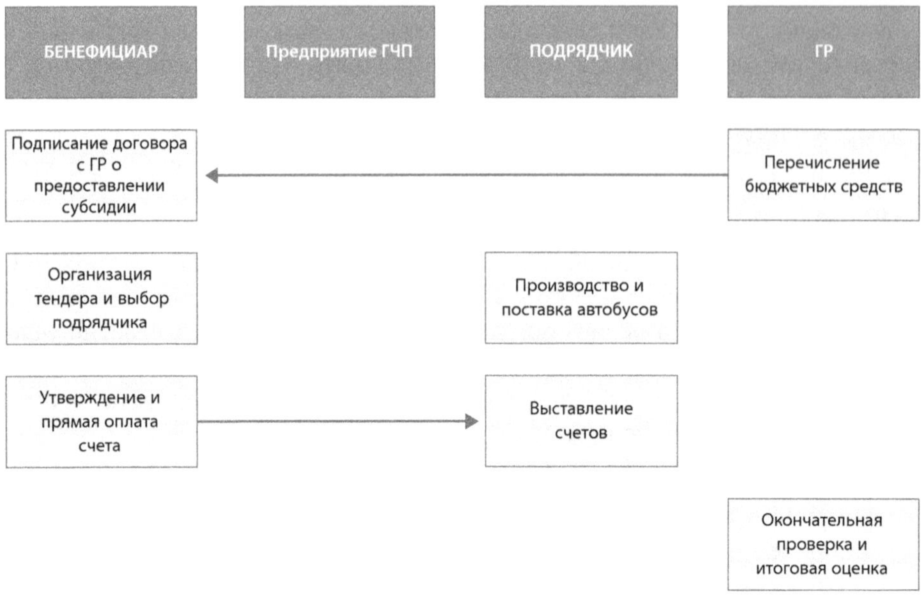

- Государственные средства переводятся бенефициару, который организует тендер и выбирает подрядчика, но работы подрядчика оплачивает непосредственно Группа по реализации после получения счета от подрядчика за проделанную работу.

Рисунок 7.2. **Схема платежей, Вариант 2 — ГР перечисляет средства непосредственно подрядчику**

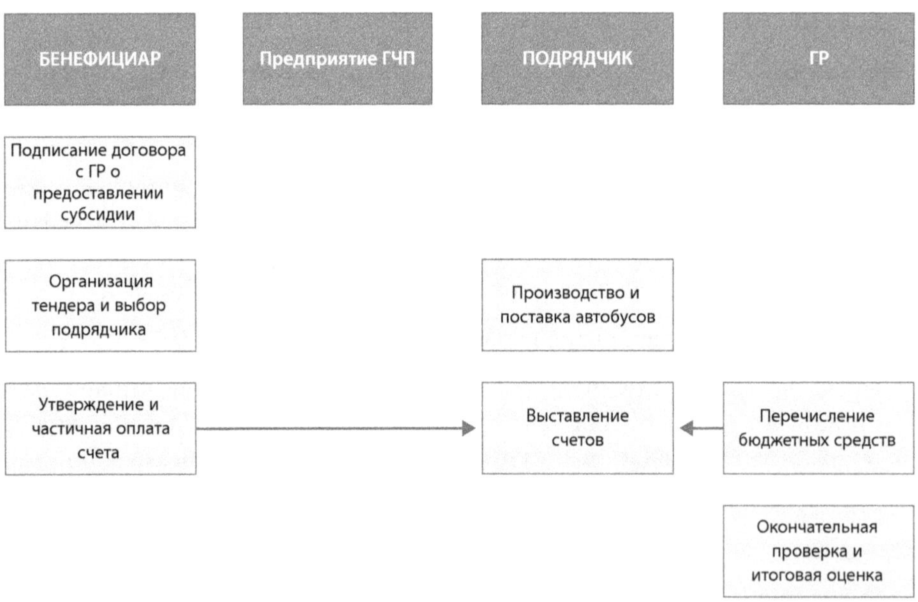

- Государственные средства передаются в качестве начального капитала ново созданной компании государственно-частного партнерства, и уже данная компания организует тендер и процесс оплаты счетов за выполненные работы.

Рисунок 7.3. **Схема платежей Вариант 3 — Государственно-частное партнерство получает государственные средства в качестве собственного капитала**

Контроль и мониторинг результатов реализации проекта

В отличие от процедур контроля и мониторинга в ходе реализации проекта, контроль и мониторинг по факту завершения проекта (заключительная оценка проекта) предусматривает проверку проекта на предмет достижения поставленных целей. Контроль и мониторинг результатов проекта является одной из главных задач ГР, которая затем подает отчет о результатах проекта в Министерство энергетики (руководитель Программы *СРТ*).

Поскольку непосредственное измерение результатов проекта с точки зрения объема выбросов загрязняющих веществ и расхода топлива является затруднительным, предлагается контролировать только физические (материальные) результаты проекта, а именно:

- число автобусов с разбивкой по типам двигателей и удостоверение факта использования автобусов для предоставления услуг общественного транспорта в городских центрах;
- проверка дизельных двигателей на наличие оборудования, позволяющего сократить объем вредных выбросов;
- мониторинг сопутствующих инвестиций.

Если цели проекта не были достигнуты, выгодополучателя могут обязать вернуть часть или всю сумму финансовых средств, предоставленных в рамках Программы. Данное условие должно быть четко оговорено в контракте.

Ведение базы данных результатов реализации проекта и программы

Последний и ключевой этап УПЦ — создание и ведение базы данных результатов реализации проекта и программы. ГР должна определить оптимальный формат базы данных, например, это может быть система, основанная на Excel, или же можно воспользоваться программным обеспечением баз данных. Собирать и вносить в базу данных необходимо следующие данные:

- ***Программа***:
  - расходы по КЗ и по годам (если не совпадают) для каждого типа проекта;
  - фактические расходы по сравнению с заложенными в бюджет расходами;
  - расчетный объем сокращения выбросов загрязняющих веществ по КЗ и по годам (если не совпадают).
- ***Проекты***:
  - число проектов по типам, по КЗ и по годам (если не совпадают);
  - материальные результаты по годам: число автобусов по типу двигателя;
  - расчетный объем сокращения выбросов загрязняющих веществ по годам (расчет основывается на числе замененных автобусов);
  - эффективность проекта: стоимость на единицу снижения выбросов.

База данных будет использоваться для информирования будущих КЗ в целях корректировки критериев приемлемости и содержательной оценки по мере необходимости для обеспечения их обоснованности.

Основные выводы Программы *CPT*

Основная цель государственной поддержки заключается в том, чтобы стимулировать местные общины и предприятия к осуществлению «зеленых» инвестиций. Поэтому финансовая поддержка (ставка субсидирования) должна быть установлена таким образом, чтобы не быть основным источником финансирования, скорее она должна поощрять бенефициара тратить на реализацию проектов собственные средства. Таким образом, государственные ресурсы следует рассматривать как источник, который используется для финансирования «зеленых» приоритетных инвестиций только в самом крайнем случае (принцип дополнительности). По этой причине уровень субсидии должен быть сведен к минимуму. Оптимальный уровень государственной поддержки можем определить, как величину, которая делает экономически и экологически важные проекты жизнеспособными в финансовом отношении.

Основные выводы, вытекающие из общей дискуссии относительно разработки программ и управлению проектными циклами, следующие:

- **Разработка программ это политический процесс**, во время которого основное внимание уделяется определению приоритетов, целей и правил для проектного цикла (напр., Министерством энергетики).
- **Оценка проводится профессиональным техническим персоналом** (напр. Группой по реализации), который несет ответственность за свои решения. Обязанности по разработке программ и управлению проектным циклом должны быть разделены.
- **Прозрачность — ключевой фактор.** Информация (о процедурах проектного цикла, критериях приемлемости, достигнутых результатах и преимуществах) должна быть распространена как можно шире. Всем кандидатом должен гарантироваться равный подход; решения должны быть своевременно объяснены, а заинтересованным сторонам должна предоставлятся возможность участия в процессе.
- **Двухэтапный процесс оценки является более предпочтительным** (в частности, для крупных инвестиционных проектов), поскольку он позволяет проводить предварительный отбор на основе критериев приемлемости, что в последствии позволяет сэкономить время и ресурсы как бенефициаров так и руководителей програмы.
- **Простые, прослеживаемые процедуры и критерии оценки** следует отдать предподчение экономически эффективным (удельные затраты на единицу сокращения выбросов) критериям отбора.
- **После принятия финансового решения процесс не прекращается:** подписание контрактов, мониторинг реализации проекта и оценка результатов проекта также необходимы, поскольку руководители программ будут учиться на этом опыте.
- **Привлечение и удержание квалифицированного персонала является ключевым моментом:** ведение переговоров с владельцами проектов и управление сложным процессом оценки несомненно требует большого опыта в этой области.

Примечания

1. Включая СПК «Тобол» (www.spk-tobol.kz) в г. Костанай и СПК «Шымкент» (www.spk-shymkent.kz) в г. Шымкент.
2. Скорее всего, это будет новое государственно-частное партнерство, поскольку на данный момент таких партнерств не существует.

Приложение А

Обзор экологически чистых технологий и видов топлива используемых в транспортном секторе

В этом обзоре рассматриваются автобусы, работающие на четырех основных типах экологически чистого топлива. К ним относятся: компримированный природный газ (КПГ), сжиженный нефтяной газ (СНГ), дизельное топливо Евро-VI и электроэнергия. Часть посвященная теме электроавтобусам короче, так как их использования в Казахстане не является реалистичным вариантом.

Каждый вид топлива здесь рассматривается в четырех аспектах, а именно:

- описание основных характеристик топлива;
- сравнительные преимущества технологии;
- сравнительные недостатки технологии;
- проникновение технологии на мировой рынок.

Автобусы, работающие на компримированном природном газе

Компримированный природный газ (КПГ) — это сжатый природный газ, который сохраняет прозрачность, не имеет запаха и не вызывает коррозию. Несмотря на то, что транспортные средства могут потреблять природный газ как в жидком, так и в газообразном состоянии, большинство из них работает на газе, находящемся в газообразном состоянии и сжатом при давлении около 218 кг/см^2. КПГ может использоваться вместо бензина, дизельного топлива и пропана/СПГ. КПГ обнаруживают над нефтяными залежами, а также улавливают на полигонах твердых отходов или канализационных очистных сооружениях, где он известен как биогаз.

КПГ хранится и перевозится под давлением 20–25 МПа (мегапаскаль) в жестких контейнерах, как правило, цилиндрической либо сферической формы. Большая часть природного газа добывается из трех видов скважин: нефтяных скважин, скважин природного газа и газоконденсата и угольнопластовых метановых скважин. Природный газ, добываемый из скважин, обязательно подвергается очистке, прежде чем его можно будет использовать в качестве топлива для транспортных средств.

Компримированный природный газ используется в качестве топлива для автомобилей с традиционными бензиновыми двигателями внутреннего сгорания, модифицированными для потребления КПГ либо в чистом виде с применением раздельной системы подачи топлива, что позволяет увеличить запас хода автомобиля (двухтопливная система), либо в сочетании с другим видом топлива, например, с дизельным топливом (система с двухкомпонентным топливом). Существует большое разнообразие транспортных средств, работающих на КПГ и используемых в коммерческих целях, включая малотоннажные грузовики и седаны, такие как такси, грузовые автомобили средней грузоподъемности, такие как служба *UPS* (United Parcel Service) и почтовые автомобили, транспортные средства большой грузоподъемности, такие как междугородные автобусы, подметально-уборочные машины и школьные автобусы.

Объемная плотность энергии КПГ составляет приблизительно 42% от аналогичного показателя для сжиженного природного газа (так как КПГ не находится в жидком состоянии) и 25% от аналогичного показателя для дизельного топлива.

Вставка А.1. **Основное различия между КПГ и СПГ**

Понятия КПГ и СПГ (сжиженного природного газа) зачастую путают. Хотя оба понятия означают формы хранения природного газа, ключевое различие между ними состоит в том, что КПГ хранится (в газообразном состоянии) под высоким давлением, а СПГ хранится при очень низкой температуре и в процессе хранения переходит в жидкое состояние. КПГ имеет более низкую стоимость производства и хранения по сравнению с СПГ, поскольку для его хранения не требуется дорогостоящий процесс охлаждения и криогенные резервуары. КПГ хранится под очень высоким давлением и занимает намного больший объем по сравнению с бензином аналогичной массы. Поэтому СПГ часто используется для транспортировки природного газа морским, железнодорожным и трубопроводным транспортом на большие расстояния, а по прибытию в пункт назначения газ преобразуется в КПГ, прежде чем его начнут поставлять конечному потребителю.

Преимущества

При сжигании КПГ выделяется меньше вредных газов по сравнению с другими видами топлива. КПГ также менее опасен в случае аварийного разлива, поскольку природный газ легче воздуха и потому при утечке он быстро рассеивается в атмосфере.

Природный газ добывают по всему миру при относительно низкой себестоимости. Кроме того, природный газ сгорает практически полностью и не оставляет копоти в отличие от бензина или дизельного топлива. Транспортные средства, работающие на природном газе, в среднем выделяют на 80% меньше озонообразующих веществ по сравнению с бензиновыми двигателями, кроме того:

- КПГ не содержит свинца, тем самым предотвращая засорение свечей зажигания.
- Эксплуатационные расходы транспортных средств, потребляющих КПГ, ниже аналогичных расходов средств передвижения, работающих на углеводородном топливе.
- Системы питания КПГ топливом герметичны, что предотвращает возможность потери топлива вследствие утечки или испарения.
- Транспортные средства, работающие на КПГ, считаются более безопасными, чем автомобили с бензиновыми двигателями.
- Они более экономичны и в меньшей степени загрязняют окружающую среду.

При сжигании КПГ в атмосферу выбрасывается значительно меньше вредных веществ, чем при сжигании бензина или нефти. Например, бензиновый двигатель выбрасывает 22 кг CO_2 за каждые 100 км пройденного пути, в то время как двигатель, работающий на КПГ — всего лишь 16,3 кг.

Переход на использование КПГ позволит сократить выбросы парниковых газов благодаря более низкому уровню выбросов CO_2. С другой сторны утечки природного газа приводят к усилению парникового эффекта. Успешность сокращения выбросов парниковых газов за счет применения КПГ во многом зависит от источника природного газа, а также от вида топлива, вместо которого будет использоваться КПГ.

При сжигании природного газа выделяется на 30% меньше CO_2 на одну британскую тепловую единицу (British thermal unit — *BTU*) в сравнении с нефтью и на 90% меньше твердых частиц в сравнении с традиционными видами топлива, а также меньшее количество загрязняющих веществ, таких как двуокись серы и оксид азота.

Недостатки

Высокая стоимость резервуаров для хранения КПГ является основным препятствием для ускоренного внедрения и широкого употребления компримированного природного газа в качестве топлива. По этой же причине именно муниципальные власти стали одними из первых, кто начал использовать КПГ в общественном транспорте. Ведь у них есть возможность быстро амортизировать средства, вложенные в новый (и, как правило, более дешевый) вид топлива. В некоторых других странах, с развитой промышленностью, стоимость резервуаров для хранения топлива была доведена до приемлемого уровня.

Топливные баки в транспортных средствах, использующих КПГ, занимают больше места по сравнению с транспортом на бензиновом ходу. Поскольку компримированный природный газ имеет больший объем на единицу условного топлива *GGE* (Эквивалент галлона бензина, Gasoline gallon equivalent),[1] чем жидкое топливо, включая тот же бензин. Баллон, использующийся под КПГ, занимает место в багажнике легковых автомобилей или на раме грузовых автомобилей специальных модификаций, работающих на КПГ. Данная проблема успешно устранена в КПГ-транспортных средствах заводского изготовления, в которых газовый баллон устанавливается под кузовом, что позволяет освободить место в багажнике. Еще один вариант — установка газового баллона на крыше (как правило, на автобусах), однако в таком случае нужно уделить особое внимание вопросам конструкционной прочности. В 2014 году Датский технологический институт проводил тестирование большегрузных автомобилей стандарта Евро-6, работающих на КПГ и дизельном топливе.[2] Результаты тестирования показали, что транспортные средства, работающие на КПГ, расходуют больше топлива, производят одинаковый уровень шума и одинаковое количество CO_2 и твердых частиц, однако имеют более низкие показатели по выбросу NO_x, по сравнению с дизельными транспортными средствами.

Существует также проблема «курицы и яйца» — это замкнутый круг, когда инвесторы не вкладывают средства в развитие инфраструктуры из-за недостаточного числа транспортных средств, работающих на альтернативных видах топлива, а обрабатывающая промышленность не предлагает транспортные средства, работающие на альтернативных видах топлива, по конкурентоспособным ценам из-за низкого уровня спроса. В свою очередь, потребители не покупают альтернативные транспортные средства по причине недостаточного развития соответствующей инфраструктуры.

Проникновение на рынок (в мировом масштабе)

Транспортные средства, работающие на природном газе, все чаще используются в Иране и, особенно, в Пакистане, странах Азиатско-Тихоокеанского региона, в столице Индии Дели и других крупных городах этой страны, таких как Ахмадабад, Мумбаи, Колката, а также в Лакнау, Канпуре и т. д. В Южной Америке, Европе и Северной Америке также растет число транспортных средств, работающих на КПГ, из-за роста цен на бензин.

В мировом масштабе число транспортных средств, использующих КПГ, стабильно растет (на 30% в год). Транспортные средства, работающие на альтернативных видах топлива, составляли всего лишь 3,4% всего автопарка Европы по состоянию на 2012 год. Уровень потребления альтернативных видов топлива автомобилями большой грузоподъемности, авиацией и морскими судами также остается незначительным (ЕС, 2016а).

В Европе насчитывается около 1,2 млн. транспортных средств, работающих на КПГ, что составляет 0,7% всего автопарка 28 стран-членов ЕС и Швейцарии. 75% рынка автомобилей на КПГ-топливе приходится на Италию. Введено в эксплуатацию более 3 000 заправочных пунктов, 2/3 из которых находятся на территории Германии и Италии. Во всем мире используются 18 млн. автомобилей, работающих на компримированном природном газе, что составляет 1,2% мирового автопарка (ЕС, 2016а).

В последние годы в Индии и Китае наблюдается бурный рост рынка КПГ-транспорта. По прогнозам экспертов, индийский рынок транспортных средств, работающих на природном газе, вскоре станет крупнейшим в мире (ЕС, 2016b).

Автобусы, работающие на сжиженном нефтяном газе (в тех местах, где КПГ недоступен)

Сжиженный нефтяной газ (СНГ), также известный как пропан-бутан, является горючей смесью углеводородных газов, используемой в качестве топлива для отопительных приборов, оборудования для тепловой обработки продуктов, а также транспортных средств. Почти весь СНГ добывают из источников ископаемого топлива путем переработки нефти или «влажного» природного газа. СНГ получают в процессе переработки нефти или путем улавливания паров нефти и природного газа, пробивающихся из-под земли. В настоящее время СНГ обеспечивает около 3% всей потребляемой энергии. При относительно полном сгорании СНГ не остается копоти и выделяется лишь незначительное количество сернистых соединений. Будучи газом, СНГ не несет опасности загрязнения земельных и водных ресурсов, но может способствовать загрязнению воздуха. Однако удельная энергоемкость СНГ на единицу объема ниже удельной энергоемкости бензина или мазута, поскольку относительная плотность СНГ также ниже.

В некоторых странах СНГ применяют в качестве альтернативного топлива для двигателей с искровым зажиганием, начиная с 1940-х годов. В некоторых случаях используются специальные присадки к топливу, позволяющие продлить срок службы двигателя, а также довольно строго выдерживается соотношение бутана и пропана в СНГ-топливе. В ходе двух недавних исследований различных топливных смесей с добавлением СНГ было обнаружено, что при их использовании выбросы дыма и расход топлива снижается, однако увеличиваются выбросы углеводородов. Авторы исследований разошлись во мнениях по поводу уровня выбросов CO_2. Согласно результатам одного исследования, уровень выбросов оксида углерода значительно увеличивается, а результаты другого исследования свидетельствуют о небольшом увеличении выбросов CO_2 при пониженной нагрузке на двигатель и значительном снижении выбросов CO_2 при высокой нагрузке.

Удельная энергоемкость сжиженного нефтяного газа ниже, чем удельная энергоемкость бензина или дизельного топлива, поэтому расход СНГ-топлива почти на 10% выше. Во многих государствах налог на сжиженный нефтяной газ ниже, чем налог на бензин и дизельное топливо, что позволяет компенсировать более высокий расход СНГ. СНГ занимает третье место по объему мирового потребления среди всех видов автомобильного топлива. По состоянию на 2013 год, в мире насчитывалось более 24,9 млн. транспортных средств, работающих на пропан-бутане. Более 25 млн. тонн пропана ежегодно потребляется в качестве топлива для двигателей.

Преимущества

Преимуществом СНГ является то, что он не токсичен, не вызывает коррозию, не содержит тетраэтилсвинец или какие-либо добавки, а также имеет высокое октановое число. СНГ характеризуется более чистым сгоранием по сравнению с бензином и дизельным топливом, а также отсутствием твердых частиц, характерных для дизельного топлива.

В настоящее время имеющийся на рынке сжиженный нефтяной газ извлекается преимущественно из ископаемого топлива. При горении СНГ выделяет CO_2 — парниковый газ. При реакции горения также выделяется некоторое количество окиси углерода. Тем не менее, СНГ выделяет меньшее количество CO_2 на единицу энергии, чем уголь или нефть. При использовании СНГ объем выбросов углекислого газа на 1 кВт·ч энергии составляет 81% от аналогичного показателя для нефти, 70% от аналогичного показателя для угля и менее 50% от аналогичного показателя для угля, используемого для выработки электроэнергии, распределяемой через энергосеть.

Преимущества СНГ также включают:

- Более чистое сгорание СНГ по сравнению с углеводородами, имеющими большую молекулярную массу, вследствие выделения меньшего количества твердых частиц.
- СНГ выгодно отличается от КПГ тем, что СНГ требует гораздо меньшей степени сжатия (20% от стоимости сжатия КПГ), имеет большую плотность, так как переходит в жидкое состояние при комнатной температуре. Как следствие, для СНГ можно использовать гораздо более дешевые топливные баки (выгода для потребителя) и компрессоры (выгода для поставщика), в сравнении с КПГ.
- Преимущество СНГ — меньшее количество вредных выбросов в атмосферу по сравнению с бензином и дизельным топливом, а также меньший износ двигателей в сравнении с бензином.

Недостатки

Основные недостатки можно кратко охарактеризовать следующим образом:

- Безопасность: СНГ тяжелее воздуха и при утечке он оседает. Это означает, что СНГ опаснее в применении и при обращении с ним необходимо соблюдать особую осторожность.
- Окружающая среда: Альтернативный вариант топлива для автобусов, менее экономичный и экологический, чем КПГ и электропривод.
- Технология: СНГ обеспечивает смазку верхней части цилиндров в меньшей степени, чем бензин или дизельное топливо. Как следствие, износ клапанов у двигателей, работающих на СНГ, происходит гораздо быстрее без соответствующей модификации.

Проникновение на рынок (в мировом масштабе)

СНГ утрачивает свои позиции на рынках ЕС, США и Японии, поскольку его применение вместо традиционных видов топлива приносит довольно незначительные экологические выгоды, по сравнению с электромобилями или даже транспортными средствами, работающими на КПГ. Тем не менее, применение сжиженного нефтяного газа в качестве топлива по-прежнему является перспективным направлением на развивающихся рынках Китая, Индии и России.

В настоящее время СНГ является наиболее освоенным видом альтернативного топлива с точки зрения числа транспортных средств, работающих на нем. На рынке СНГ-транспорта доминируют 5 стран, на долю которых приходится почти половина мирового потребления: Турция (4 млн. транспортных средств), Россия (3 млн.), Польша (2,8 млн.), Корея (2,4 млн.) и Италия (2 млн.) (ЕС, 2016b).

Автобусы с дизельными двигателями стандарта Евро-VI

Бензин и дизельное топливо остаются наиболее распространенными видами топлива для всех видов транспортных средств. Например, в США на законодательном уровне закреплены предписания о поставках дизельного топлива со сверхнизким содержанием серы и использовании бензина с содержанием этанола (известного как E85) с целью ограничения негативного воздействия данных видов ископаемого топлива на окружающую среду.

Большая часть предлагаемого на рынке биодизеля производится путем смешивания с обычным дизельным топливом. Наиболее емким рынком биодизеля, несомненно, является рынок ЕС. Следом за ним следуют рынки США и Бразилии. Использование биодизеля в качестве автомобильного топлива не способствует уменьшению выбросов NO_x. Данная проблема обращает на себя все большее внимание со стороны городских властей.

В приведенных ниже Таблицах А.1 и А.2 содержится сводная информация о технических нормативах выбросов для автобусов с дизельными двигателями с указанием дат вступления в силу данных нормативов с учетом двух типов требований к проведению испытаний: *(i)* Испытания в стационарном состоянии (Таблица А.1) с учетом норм выбросов для дизельных двигателей (воспламенение от сжатия) и требований к тестированию выбросов в стационарном состоянии; и *(ii)* Испытания в переходном режиме (Таблица А.2) с учетом норм выбросов для дизельных и газовых двигателей (принудительное воспламенение топлива) и требований к тестированию в переходном состоянии.

Таблица А.1. **Стандарты выбросов в ЕС для дизельных двигателей большой мощности, стационарные испытания**

Стандарт	Дата	Цикл тестирования	CO	УВ	NO_x	ТЧ	ЧЧ	Дымность
			г/кВт·ч				*1/кВт·ч*	*1/м*
Евро-I	1992, < 85 кВт	Правила ЕЭК-49 (*ECE R*-49)	4,5	1,1	8,0	0,612		
	1992, > 85 кВт		4,5	1,1	8,0	0,36		
Евро-II	Октябрь 1996 г.		4,0	1,1	7,0	0,25		
	Октябрь 1998 г.		4,0	1,1	7,0	0,15		
Евро-III	*Октябрь 1999 года, только для усовершенствованных экологически чистых автомобилей*	Европейский стационарный цикл (European Stationary Cycle — *ESC*) и Европейская нагрузочная характеристика (European Load response — *ELR*)	*1,5*	*0,25*	*2,0*	*0,02*		*0,15*
	Октябрь 2000 г.		2,1	0,66	5,0	0,10 - 0,13[a]		0,8
Евро-IV	Октябрь 2005 г.		1,5	0,46	3,5	0,02		0,5
Евро-V	Октябрь 2008 г.		1,5	0,46	2,0	0,02		0,5
Евро-VI	31 декабря 2013 г.	Всемирно согласованный стационарный цикл (World Harmonized Stationary Cycle — *WHSC*)	1,5	0,13	0,4	0,01	$8{,}0\times10^{11}$	

Источник: DieselNet (2016).

Примечание: a. ТЧ=0,13 г/кВт·ч для двигателей объемом < 0,75 $дм^3$ на цилиндр и число оборотов в режиме номинальной мощности > 3 000 $мин^{-1}$.

Таблица А.2. **Стандарты выбросов в ЕС для дизельных двигателей большой мощности, испытания в переходном состоянии**

Стандарт	Дата	Цикл тестирования	CO	NMHC	CH_4[a]	NO_x	ТЧ[b]	ЧЧ[c]
			г/кВт·ч					*1/кВт·ч*
Евро-III	*Октябрь 1999 г., только для усовершенствованных экологически чистых автомобилей*	Европейский цикл испытаний в переходном режиме (European Transient Cycle — w *ETC*)	*3,0*	*0,40*	*0,65*	*2,0*	*0,02*	
	Октябрь 2000 г.		5,45	0,78	1,6	5,0	0,16[d]	
Евро-IV	Октябрь 2005 г.		4,0	0,55	1,1	3,5	0,03	
Евро-V	Октябрь 2008 г.		4,0	0,55	1,1	2,0	0,03	
Евро-VI	31 Декабрь 2013 г.	Всемирно согласованный переходный цикл (World Harmonized Stationary Cycle — *WHTC*)	4,0	0,16[e]	0,5	0,46	0,01	$6{,}0\times10^{11}$

Источник: DieselNet (2016).

Примечания: a. только для газовых двигателей (Евро-III–V: только природный газ; Евро-VI: природный газ + пропан-бутан.

b. не применяется для полностью газовых двигателей Евро-III/IV.

c. для дизельных двигателей; ЧЧ лимиты для двигателей с принудительным зажиганием будет определен.

d. ТЧ=0,21 г/кВт·ч для двигателей объемом < 0,75 $дм^3$ на цилиндр и число оборотов в режиме номинальной мощности > 3 000 $мин^{-1}$.

e. общий объем выбросов углеводорода (Total hydrocarbon content — *THC*) для дизельных двигателей.

Преимущества

Некоторые основные преимущества дизельных автобусов с двигателями Евро-VI включают следующие:

- Стоимость приобретения современных дизельных двигателей, как правило, ниже, чем переход на более экологически чистые технологии (такие как КПГ или СНГ).
- Сумма дополнительных инвестиций в транспортные средства и соответствующую инфраструктуру является незначительной по сравнению с СНГ и КПГ, в случае которых часто возникает необходимость в модификации транспортного средства и соответствующей инфраструктуре.
- Стандартные городские автобусы с дизельным двигателем характеризуются меньшим уровнем выбросов CO_2 на одного пассажира, поэтому сокращение этих выбросов может быть достигнуто путем содействия перераспределению пассажиропотока в пользу общественного транспорта.

Недостатки

Основными недостатками дизельных автобусов с двигателями Евро-VI являются следующие:

- Переход транспортных средств большой грузоподъемности со стандарта Евро-V на стандарт Евро-VI потребует значительных капиталовложений со стороны производителей и предприятий общественного транспорта. В результате огромные ресурсы производителей автобусов окажутся заморожены необходимостью адаптации к новым требованиям.
- Выхлопные газы дизельных двигателей наносят значительный вред окружающей среде ввиду наличия в них твердых частиц (ТЧ).

Проникновение на рынок (в мировом масштабе)

Дизельные двигатели являются одной из самых популярных разновидностей двигателей внутреннего сгорания во всем мире с точки зрения числа оснащенных ими автобусов и других машин для коммерческих перевозок. На данный момент автобусы, работающие на дизельном и биодизельном топливе, безусловно, составляют большую часть автобусного парка (а именно 90% автобусного парка Европы или 70 000 автобусов в 63 Европейских городах и регионах, согласно результатам исследования *3iBS*) (UITP, 2015).

Автобусы с электрическим приводом

В Европе усиливается тенденция к электрификации городских автобусов и как ожидается в скором времени рынок достигнет зрелости. Тем не менее, тотальная электрификация автомобилей большой грузоподъемности и автобусов дальнего следования в ближайшее время не представляется возможной.

Из-за ограниченной емкости аккумуляторов и, как следствие, незначительной дальности пробега (как правило, не превышающей 100–200 км для автомобилей малых и средних габаритов) считается, что на сегодняшний день электромобили лучше всего подходят для поездок по городу или пригородам. В последнее время на рынке появились новые модели электромобилей Tesla с увеличенной дальностью пробега 300–400 км. Следовательно, можно ожидать дальнейшей экспансии и расширения сферы применения электротранспорта в ближайшем будущем. Городской автобус может проезжать около 200 км без зарядки, однако в Казахстане может существовать необходимость в пробеге 45 000 км в год в среднем, что требует зарядки чаще, чем каждые два дня.

Вставка А.2. **Производство электроэнергии**

Электричество является носителем энергии, которое можно получать внутри страны из самых различных источников. Определенное количество электроэнергии может быть произведено из возобновляемых источников энергии, обеспечивая при этом почти нулевой уровень выбросов, хотя это не всегда так; например когда используется комбинация возобновляемых и невозобновляемых источников электроэнергии. Электричество будет становиться все более низкоуглеродным, поскольку энергетический сектор и впредь будет снижать свою углеродоемкость.

Троллейбус является эффективной альтернативой с точки зрения сокращения выбросов. Однако, в случае с Казахстаном во многих городах потребуется строительство новой инфраструктуры, что выходит за рамки запланированной программы. Кроме того, учитывая необходимый объем инвестиций в развитие инфраструктуры, потребуется создание государственных компаний, которые заменят на рынке значительную часть многочисленных частных поставщиков транспортных услуг. Таким образом, внедрение или расширение услуг троллейбусного транспорта не предусмотрено целями данной программы.

Проникновение на рынок (в мировом масштабе)

Проникновение на рынок обеспечивается в рамках Городской автобусной системы с нулевыми выбросами — проекта, соучредителем которого является Генеральный директорат ЕС по вопросам мобильности и транспорта посредством участия в Программе *FP7* по внедрению электроавтобуса *ZeEUS* (Zero Emission Urban Bus System). Основная цель проекта заключается в электрификации городской сети автобусных перевозок путем тестирования различных моделей электродвигателей на автобусах большой вместимости и демонстрации их работоспособности в реальных условиях, способствуя тем самым повышению рыночного спроса на электроавтобусы в Европе.[3] 10 городов-участников проекта: Барселона, Лондон, Париж, Кальяри, Бонн, Мюнстер, Рандстад, Стокгольм и Варшава.

По состоянию на конец 2015 года доля электротранспорта в мировом автопарке составляет 0,1% (1 млн. транспортных средств), и данный показатель стремительно растет.

Таблица А.3. **Сравнительная таблица различных видов топлива для автобусов городского общественного транспорта**

Параметр	КПГ	СНГ	Усовершенствованное экологически чистое дизельное топливо (*EEV*)
Стоимость приобретения (при этом дизельное топливо = 100% в качестве базы сравнения)	120	110	100 (выше, чем в случае традиционного дизельного топлива)
Тип топлива	Природный газ		Дизельное топливо
Запас хода (км)	300	500	750
Расход топлива на 100 км	60-70 м^3	36 кг	40-50 л
Эксплуатационные затраты	+	+	++
Время заправки	Длительное; 3-6 часов	Быстрая заправка	Обычное
Уровень сложности работы заправочных станций	Средний (сжатие)	Очень высокий (сжижение, хранение)	Низкий
Уровень шума	Низкий	Низкий	Обычный
Загрязнение	Низкий уровень выбросов твердых частиц, SO_2, NO_x. Почти нулевой вклад в образование смога.	Низкий уровень выбросов твердых частиц, SO_2, NO_x. Почти нулевой вклад в образование смога.	Более низкий уровень выбросов по сравнению с обычным дизельным топливом. Более высокий уровень выбросов по сравнению с КПГ и СНГ.
Использование	Автобусы маленького и среднего размера	Большие автобусы	Все типы автобусов
Другие возможности и преимущества	Данный тип топлива можно также производить из биомассы или свалочного газа	Низкие температуры в зимнее время года способствуют хранению СНГ	
Другие вызовы и недостатки	Более высокие автобусы с тяжелыми топливными баками требуют более высокого просвета над ними в случае, напр., проезда под путепроводами и т. п. Необходимость специализированных газозаправочных станций (например, на автостанции). Необходимость специализированных станций техобслуживания. Ускоренная дозаправка требует больших инфраструктурных капиталовложений и может вызвать утечку газа.	Ограниченное время хранения. Автобус должен использоваться постоянно, после 5 дней простоя необходимо проводить воздухоотделение. Транспортировка и хранение газа только при низкой температуре. Необходимость сложной аппаратуры очистки и сжижения газа на станции.	В будущем могут появиться новые нормы (стандарты), регулирующие требования к данному типу топлива

Источник: Подборка ОЭСР.

Примечания

1. *GGE* (Эквивалент галлона бензина, Gasoline gallon equivalent) — показатель количества альтернативного топлива, необходимого для эквивалентной энергетической замены одного галлона (около 3,785 литра) бензина. *GGE* позволяет потребителям сравнивать энергетическое содержание конкурирующих видов топлива с общеизвестным топливом — бензином. При помощи *GGE* можно также сравнить бензин с продаваемым на рынке газом (природный газ, пропан или водород) или электроэнергией.
2. См. https://www.dti.dk/specialists/emission-reduction/37141 (ознакомление 20 марта 2017).
3. См. www.zeeus.eu (ознакомление 03 марта 2017).

Ссылки

DieselNet (2016), *EU: Heavy-Duty Truck and Bus Engines: Regulatory Framework and Emission Standards*, DieselNet website: https://www.dieselnet.com/standards/eu/hd.php (accessed 30 March 2017).

EC (2016a), *Clean Transport — Support to the Member States for the Implementation of the Directive on the Deployment of Alternative Fuels Infrastructure: Good Practice Examples*, European Commission, Brussels. http://ec.europa.eu/transport/themes/urban/studies/doc/2016-01-alternative-fuels-implementation-good-practices.pdf.

EC (2016b), *Alternative Fuels and Infrastructure in Seven Non-EU Markets — Final Report,* European Commission, Brussels. http://ec.europa.eu/transport/themes/urban/studies/doc/2016-01-21-alternative-fuels-and-infrastructure-in-seven-non-eu-markets.pdf.

UITP (2015), *Bus Systems in Europe. Towards a Higher Quality of Urban Life and Reduction of Pollutants and CO_2 Emissions*, UITP Position Paper, International Association of Public Transport, Brussels. www.uitp.org/sites/default/files/cck-focus-papers-files/UITP_PositionPaper_Bus%20Systems%202015.pdf.pdf.

Приложение В

Пояснительное руководство по использованию модели OPTIC

Цель модели *OPTIC*

Цель модели *OPTIC*, базирующейся на электронных таблицах — содействие Правительству Казахстана в подготовке и, в частности, в расчете стоимости и экологических выгод программы "Экологически чистый общественный транспорт" (Clean Public Transport — *CPT*). С Министерством энергетики Республики Казахстана была достигнута договоренность о том, что Программа будет включать в себя два пакета проектов:

- Замена старого автобусного парка на современные автобусы, оснащенные двигателями, которые работают на следующих видах топлива:
  - компримированный природный газ (КПГ);
  - сжиженный нефтяной газ (СНГ);
  - дизельно топливо, но только если есть возможность использовать топливо стандартп Евро-V/VI.
- Побочные инвестиции улучшающие транспортную систему в городах (например, выделение отдельных полос для движения автобусов и внедрение систем интеллектуального управления дорожным движением.)

Поскольку автобусный парк Казахстана является довольно устаревшим (см. Рисунок 3.5 и 3.6), предлагаемые пакеты проектов нацелены не только на модернизацию двигателей, но и на поддержку закупки новых автобусов.

Необходимо понимать, что данная компьютерная программа означает не только программное обеспечение, а широкое направление деятельности, необходимой для осуществления стратегических решений и приоритетов. Модель *OPTIC*, базирующаяся на электронных таблицах, представляет собой простой, легкий в применении инструмент, облегчающий принятие решений, созданный исключительно для расчета стоимости программы, а также потенциально возможного сокращения выбросов CO_2 и других загрязняющих веществ (CO, NO_x, твердые частицы (ТЧ), SO_2), генерируемых городским общественным транспортом, за счет реализации предлагаемых пакетов проектов.

Другие типы похожих моделей, существующих на рынке, сосредоточены на расчете объема выбросов парниковых газов (ПГ) в разрезе отдельных стран или групп стран. В этих моделях основное внимание уделяется выбросам парниковых газов промышленными объектами, а также учитываются различные сценарии экономического развития страны. Этот тип модели не подходит для целей программы развития экологически чистого общественного транспорта, поскольку данная программа сфокусирована на сокращении вредных выбросов, генерируемых исключительно городским общественным транспортом.

Общая структура модели *OPTIC*

Модель *OPTIC* состоит из 7 модулей: *(i)* Исходные допущения; *(ii)* Коэффициенты выбросов, *(iii)* Обзор транспортной отрасли с информацией о текущем состоянии и возрасте автобусного парка; *(iv)* Модуль определения уровня субсидирования; *(v)* Модуль расчета затрат; *(vi)* Модуль расчета объема сокращения вредных выбросов; *(vii)* Модуль расчета стоимости программы и экологического эффекта.

Модель была разработана в программе Excel и использует макросы. Таким образом, перед началом использования модели нужно активировать макросы в программе Excel. Для этого установки безопасности должны быть переведены в положение «средние». Для более ранних версий программы Excel, установки безопасности могут быть изменены с помощью следующего алгоритма: Инструменты (Tools)>Макрос (Macros)>Безопасность (Security). Для версии Excel 2010 и 2013 установки макроса безопасности могут быть сделаны в закладке «Разработчик (Developer)». Если вкладка «Разработчик (Developer)» не видна, к ней можно получить доступ с помощью следующего алгоритма: File>Options>Customize Ribbon, а затем выбрать опцию «Разработчик (Developer)» из перечня опций в крайнем правом окне.

Подготовка к использованию модели *OPTIC*

Пользователь должен заполнить ячейки, выделенные желтым цветом.

Сначала пользователи должны ввести данные об исходных допущениях и коэффициентах выбросов. Данные о допущениях вводятся в закладке «Допущения». Для использования модели необходимо ввести следующую информацию:

- средняя цена нового автобуса, работающего на КПГ;
- средняя цена нового автобуса, работающего на СНГ;
- средняя цена нового дизельного автобуса с двигателем стандарта Евро-VI.

Для целей данной модели, под среднестатистическим автобусом подразумевается автобус длиной 12 метров и пассажировместимостью около 100 человек (например, автобус DAEWOO GDW6126 CNG).

Затем, следует ввести информацию о среднем расходе топлива по каждому автобусу. Данная информация будет также включать в себя средний расход топлива у старых дизельных автобусов, которые будут заменены. Для целей данной модели, старые дизельные автобусы были разделены на несколько категорий: новые, старше 5 лет, старше 10 лет и старше 15 лет.

Далее, следует ввести информацию о затратах на топливо для каждого типа автобусов. Информация о среднем суточном пробеге одного автобуса (kilometres per vehicle per day — *kpvpd*),[1] также является обязательной и вводится в последнем столбце Таблицы В.1, представленной ниже.

Таблица В.1. **Исходные предпосылки: Цены на автобусы и расход топлива**

Тип автобуса	Средняя цена	Расход топлива		Цена на топливо		kpvpd
	Тыс. ТНГ		*Ед.*		*Ед.*	*км*
Новые автобусы КПГ	35 315	53,7	$м^3$/100 км	58	ТНГ/$м^3$	200
Новые автобусы СНГ	32 104	70	кг/100 км	51	ТНГ/л	200
Новые дизельные автобусы в стандарте Евро-VI	30 708	50	л/100 км	137	ТНГ/л	200
Новые дизельные автобусы старого типа	10 000	45	л/100 км	125	ТНГ/л	200
Старые дизельные автобусы со сроком эксплуатации > 15 лет		56,25	л/100 км	125	ТНГ/л	200
Старые дизельные автобусы со сроком эксплуатации > 10 лет		51,75	л/100 км	125	ТНГ/л	200
Старые дизельные автобусы со сроком эксплуатации > 5 лет		49,50	л/100 км	125	ТНГ/л	200

Источник: ОЭСР Программа *CPT*, модель *OPTIC*.

После ввода данных об исходных допущениях пользователь заполняет информацию о вредных выбросах автобусов. Данная информация вводится в закладке «Коэффициенты выбросов». Уровень вредных выбросов измеряется в килограммах или граммах загрязняющих веществ, выбрасываемых в атмосферу, на 1 километр пробега автобуса. Информация об уровне вредных выбросов является ключевой для последующего расчета сокращения выбросов (Таблица В.2).

Таблица В.2. **Предполагаемые коэффициенты выбросов в соответствии с нормами выбросов (на км)**

Тип топлива	CO_2	CO	NO_x	ТЧ 2,5	SO_2
	кг/км	*г/км*			
Дизель Евро-2	1,0812	2,4400	10,7000	0,2200	0,2050
Дизель Евро-2>5 лет	1,1893	2,6840	11,7700	0,2420	0,2255
Дизель Евро-2>10 лет	1,2974	2,9280	12,8400	0,2640	0,2460
Дизель Евро-2>15 лет	1,4056	3,1720	13,9100	0,2860	0,2665
Дизель Евро-VI	0,7632	0,2230	0,5970	0,0023	0,0205
КПГ (*EEV* стандарт)	0,9350	0,2400	2,5000	0,0050	0,0000
СНГ	1,0258	1,9200	5,0000	0,0050	0,0652

Источник: ОЭСР Программа *CPT*, модель *OPTIC*.

Предусмотрены две таблицы с коэффициентами выбросов:

- таблица нормативных показателей вредных выбросов в соответствии со стандартами;
- таблица действительных (реальных) показателей вредных выбросов согласно сделанным замерам.

Источники данной информации и причины введения двух разных наборов показателей выбросов указаны ниже в конце Приложение В.

Далее, в закладке «Транспорт» необходимо ввести информацию о текущем состоянии городского общественного транспорта в Республике Казахстан (как показано в Таблице В.3). Пользователь вводит данные о состоянии автобусного парка в городах Республики Казахстан. Автопарк будет разделен по категориям срока эксплуатации (>15 лет, 10-15 лет, 5-10 лет, <5 лет) и по типам топлива (дизельное топливо, бензин, КПГ, СНГ). В последние столбцы вводится информация о наличии газозаправочных станций для КПГ, а также о расстоянии до ближайшего источника КПГ (наличие газозаправочных станций не является обязательным условием, однако город должен быть расположен вблизи от газопровода), дизельного топлива, эквивалентного стандарту Евро-5 (дизельное топливо данного стандарта не производится в Казахстане, поэтому необходимо его импортировать). Данная информация вводится в виде ответов «Да» или «Нет» в соответствующие ячейки. Информация об автопарке не включает в себя данные о маршрутках.

Таблица В.3. **Общественный транспорт и транспортная инфраструктура в выбранных городах Казахстана**

			Транспортные компании		Тип собственности автобусов		Автобусы											
							Возраст				Топливо							
#	Область	Город	Коммунальная	Частная	Частная собственность	Лизинг	>15 лет	10-15 лет	5-10 лет	< 5 лет	дизель	Бензин	КПГ	СНГ	Население	Существующие заправки КПГ	Доступ к Евро-5 дизель	Доступ к КПГ
1	Акмолинская	Кокчетав	0	4	127	63	55	72	52	11	114	72	0	4	159 845	Нет	Нет	Нет
2	Актюбинская	Актобе	0	2	531	0	6	69	303	153	443	25	0	63	397 572	Нет	Нет	Да
3	Алматинская	Талдыкорган	0	7	24	238	0	9	87	166	262	0	0	0	140 656	Нет	Нет	Нет
4	Астана	Астана	1	8	958	108	117	110	350	489	1066	0	0	0	872 655	Нет	Нет	Нет
5	Алматы	Алматы	0	18	739	746	163	205	327	910	868	0	737	0	1 703 481	Да	Нет	Да
6	Atyrau	Atyrau	0	11	91	52	0	35	20	88	143	0	0		226 110	Нет	Нет	Да
7	Восточно-Казахстанская	Семей	0	6		82	48	34	0	0	5	77	0	0	318 053	Нет	Нет	Нет
8	Восточно-Казахстанская	Усть-Каменогорск	0	10	323	185	219	57	164	68	492	16	0	0	321 536	Нет	Нет	Нет
9	Жамбылская	Тараз	0	11	491	104	14	63	167	351	309	230	0	56	362 993	Нет	Нет	Да
10	Западно-Казахстанская	Уральск	0	7	208	198	56	54	149	147	309	72	25		232 493	Да	Нет	Да
11	Карагандинская	Караганда	0	9	489	0	297	8	19	165	489				497 824	Нет	Нет	Нет
12	Карагандинская	Темиртау	0	9	125	114	10	8	146	75	115	121		3	178 351	Нет	Нет	Нет
13	Карагандинская	Джезказган	0	10	72	0	19	23	25	5	42	20		10		Нет	Нет	Нет
14	Костанайская	Костанай	0	9	288	131	413	0	0	6	419				231 911	Нет	Нет	Нет
15	Костанайская	Рудный	0	3	149	9	146	4	5	3	121	7	30		115 980	Да	Нет	Нет
16	Кызылординская	Кызылорда	1	0	70	321	46	68	207	70	107	124	90	70	227 499	Да	Нет	Да
17	Павлодарская	Павлодар	2	7	155	29	78	8	19	79	184				335 214	Нет	Нет	Нет
18	Павлодарская	Экибастуз	0	3	55	0	24	4	10	17	55				134 091	Нет	Нет	Нет
19	Мангыстауская	Актау	0	3	27	39	0	0	38	28	0	0	0	66	183 233	Нет	Нет	Да
20	Мангыстауская	Жанаозен	0	3	0	11	1	3	2	5	0	0	0	11	113 377	Нет	Нет	Да
21	Северо-Казахстанская	Петропавловск	0	11	108	56	15	52	17	80	97	39		28	215 306	Нет	Нет	Нет
22	Южно-Казахстанская	Шымкент	0	29	552	641	61	109	518	505	976		200	17	885 799	Да	Нет	Да
23	Южно-Казахстанская	Туркестан	0	1	40	10	0	0	15	35	20		30		159 632	Да	Нет	Да
Итого			4	181	5 622	3 137	1 788	995	2 640	3 456	6 636	803	1 112	328	8 013 611			

Источник: ОЭСР Программа *CPT*, модель *OPTIC*.

Определение уровня субсидии

Модуль определения уровня субсидирования учитывает инвестиционные затраты и средства, которые могут быть сэкономлены поставщиками услуг общественного транспорта за счет замены старых автобусов. Использование новых автобусов и альтернативных видов топлива более эффективно из-за технологических усовершенствований, а также из-за более низкой цены на КПГ, СНГ.

Данный модуль учитывает тот факт, что инвестиции должны обеспечить, по крайней мере, минимальный доход поставщикам услуг общественного транспорта. Таким образом, социальная ставка дисконтирования используется для определения чистой приведенной стоимости (ЧПС) проекта. Затем субсидия устанавливается в том объеме, при котором ЧПС равна нулю. Экономическое значение данного расчета заключается в том, что субсидия поощряет участие выгодополучателей в Программе *CPT*, не позволяя им при этом извлекать прибыль из субсидии. Результаты расчета уровня субсидирования для автобусов, работающих на КПГ, представлены в нижеследующих Таблицах В.4–В.5.

Стоимость нового автобуса, работающего на КПГ (46 240 тыс. тенге = 135 тыс. долл. США), была сопоставлена со средней стоимостью старого автобуса (17 264 тыс. тенге = 50 тыс. долл. США), который был бы куплен выгодополучателем при отсутствии государственной поддержки.

Таблица В.4. **Сметные допущения, используемые для расчета суммы государственной поддержки при покупке автобусов, работающих на КПГ**

	Рассход топлива	Стоимость топлива	Годовой пробег	Годовые затраты на топливо
КПГ	53,7 м³/100 км	58 ТНГ/м³	46 000 км	ТНГ 1 424 тыс.
Старый дизель	45,0 л/100 км	124,93 ТНГ/л	46 000 км	ТНГ 2 586 тыс.
Годовая разница				ТНГ 1 162 тыс.

Источник: ОЭСР Программа *СРТ*, модель *OPTIC*.

Затем были учтены средства, сэкономленные за счет снижения затрат на топливо благодаря более низкой стоимости КПГ. Параметры, используемые для расчета экономии средств на покупку топлива, представлены в нижеследующей Таблице В.5.

Таблица В.5. **Расчет суммы государственной поддержки при покупке автобусов, работающих на КПГ (тыс. тенге)**

Год	0	1	2	3	4	5	6	7	9
Инвестиционные затраты на покупку нового автобуса	35 315								
Разница в цене при сравнении со стандартным автобусом	25 315								
Необходимая сумма государственной поддержки	17 055								
Ежегодная экономия средств на покупку топлива		1 162	1 162	1 162	1 162	1 162	1 162	1 162	1 162
ЧПС	0								

Источник: ОЭСР Программа *СРТ*, модель *OPTIC*.

Аналогичные расчеты сделаны для автобусов работающих на СНГ (Таблицы В.6–В.7) и для современных дизельных автобусов (Таблицы В.8–В.9).

Таблица В.6. **Сметные допущения, используемые для расчета суммы государственной поддержки при покупке автобусов, работающих на СНГ**

	Рассход топлива	Стоимость топлива	Годовой пробег	Годовые затраты на топливо
СНГ	70 кг/100 км	51 ТНГ/кг	46 000 км	ТНГ 1 642 тыс.
Старый дизель	45,0 л/100 км	124,93 ТНГ/л	46 000 км	ТНГ 2 586 тыс.
Годовая разница				ТНГ 944 тыс.

Источник: ОЭСР Программа *СРТ*, модель *OPTIC*.

Вышеприведенные расчеты не учитывают возможного снижения затрат на техническое обслуживание, ведь старым автобусам все чаще требуется техническое обслуживание и ремонт с течением времени. С другой стороны, техническое обслуживание современных автобусов является более дорогостоящим, особенно если речь идет о соблюдении мер безопасности при использовании КПГ или СНГ. Поэтому предполагается, что замена автобусов никак не скажется на затратах на техническое обслуживание.

Таблица В.7. **Расчет суммы государственной поддержки при покупке автобусов, работающих на СНГ (тыс. тенге)**

Год	0	1	2	3	4	5	6	7	9
Инвестиционные затраты на покупку нового автобуса	32 104								
Разница в цене при сравнении со стандартным автобусом	22 104								
Необходимая сумма государственной поддержки	15 395								
Ежегодная экономия средств на покупку топлива		944	944	944	944	944	944	944	944
ЧПС	0								

Источник: ОЭСР Программа *CPT*, модель *OPTIC*.

Таблица В.8. **Сметные допущения, используемые для расчета суммы государственной поддержки при покупке современных дизельных автобусов**

	Рассход топлива	Стоимость топлива	Годовой пробег	Годовые затраты на топливо
Дизель Евро-VI	50 л/100 км	137,43 KZT/л	46 000 км	ТНГ 3 161 тыс.
Старый дизель	45,0 л/100 км	124,93 ТНГ/л	46 000 км	ТНГ 2 586 тыс.
Годовая разница				ТНГ -575 тыс.

Источник: ОЭСР Программа *CPT*, модель *OPTIC*.

Таблица В.9. **Расчет суммы государственной поддержки при покупке современных дизельных автобусов (тыс. тенге)**

Год	0	1	2	3	4	5	6	7	9
Инвестиционные затраты на покупку нового автобуса	30 708								
Разница в цене при сравнении со стандартным автобусом	20 708								
Необходимая сумма государственной поддержки	24 793								
Ежегодная экономия средств на покупку топлива		-575	-575	-575	-575	-575	-575	-575	-575
ЧПС	0								

Источник: ОЭСР Программа *CPT*, модель *OPTIC*.

Вставка В.1. **Определение оптимального уровня субсидирования**

Уровень субсидирования должен быть достаточным для подачи заявки потенциальными инвесторами/выгодополучателями, но не должен предусматривать слишком высокую прибыльность реализуемых проектов. Для оценки данного проекта рассчитывается чистая приведенная стоимость (ЧПС) путем суммирования ожидаемых чистых потоков денежных средств (приток наличности, или поступления, минус отток денежных средств или затраты) за период выполнения проекта и их дисконтирования с помощью учетных ставок, отражающих стоимость займа эквивалентной процентной ставки на рынке капитала. Инвестиция принесет доход, если значение ЧПС является положительным. Все меры, которые приводят к положительному значению ЧПС при использовании ставки дисконтирования, соответствующей примененной норме прибыли, могут рассматриваться как выгодные.

ЧПС (*NPV*) рассчитывается по следующей формуле:

$$NPV = \sum_{i=1}^{n} (NCF_i \times \frac{1}{(1+r)^i})$$

где:

- NCF_i — чистый приток наличности в году
- r — ставка дисконтирования.

Использование дисконтирования учитывает ожидания инвесторов относительно этой меры и вполне достаточно, чтобы ЧПС был больше нуля за период эксплуатации.

Расчет уровня субсидирования должен основываться на экономических принципах: если проект не выгоден выгодополучателю, субсидия должна обеспечить его минимальную прибыльность. Другими словами, финансовая чистая приведенная стоимость с учетом субсидии должна равняться приблизительно нулю тенге, а это означает, что проект обеспечит приемлемую норму прибыли для инвестора/промоутера проекта.

Модуль «определения уровня субсидирования» использует этот принцип путем проведения простого финансового анализа притока и оттока наличности за каждый анализируемый год. Притоки наличности (поступления), генерируемые проектом, включают в себя экономию топлива, выраженную в виде денег, сэкономленных покупателями (поставщиками услуг общественного транспорта). Что касается оттока наличности (расходов), простой финансовый анализ суммирует разницу в инвестиционных затратах на экологически чистые и традиционные автобусы, которые были подсчитаны в других модулях. В данном модуле субсидия включается в отток наличности как отрицательное значение.

Предполагается, что затраты происходят в течение первого года выполнения проекта, а затем накапливаются сэкономленные средства в равных количествах в течение 9 последующих лет реализации проекта. Суммарно анализируемый период составляет 10 лет, что является стандартной продолжительностью жизненного цикла для данного типа проекта. Субсидия рассчитывается таким образом, чтобы результат расчета ЧПС был равен нулю тенге.

Подобный подход к расчету субсидии позволит правительству избежать чрезмерного инвестирования средств, обеспечив в то же время условия, при которых субсидия не будет чересчур прибыльной для инвесторов, но при этом окажется достаточным инвестиционным стимулом для потенциальных выгодополучателей. Важно, чтобы уровень субсидирования выступал лишь в качестве необходимого рычага влияния на отдельных потенциальных выгодополучателей с целью поощрить их к инвестированию средств в экологически чистый транспорт.

Результаты расчета уровня субсидии представлены в закладке «Субсидия» («Дотация») (как показано в Таблице В.10).

Таблица В.10. **Расчет уровня субсидирования для предоставления государственной поддержки при замене автобусов**

Тип	Затраты на автобусы	Разница по сравнению со стандартным автобусом	Годовой пробег	затраты на топливо	Затраты на топливо для автобусов старого типа	Размер дотации	Размер дотации на станцию заправки сжатым газом КПГ	Цена автобуса с дотацией	Цена автобуса с дотацией
	тысяча ТНГ	тысяча ТНГ	км	тысяча ТНГ	тысяча ТНГ	тысяча ТНГ	тысяча ТНГ	тысяча ТНГ	%
Новые автобусы КПГ	35 315	25 315	46 000	1 424	2 586	17 055	544 000	18 260	52%
Новые автобусы СНГ	32 104	22 104	46 000	1 642	2 586	15 395	0	16 709	52%
Новые автобусы (стандарт Евро-V/VI)	30 708	20 708	46 000	3 161	2 586	24 793	0	5 915	19%

Источник: ОЭСР Программа *CPT*, модель *OPTIC*.

Модуль расчета затрат

Модуль расчета затрат, расположенный в закладке «Затраты», показывает расчетные инвестиционные расходы и необходимый уровень субсидирования в рамках Программы *CPT.* Эта информация представлена в нижеследующей таблице (см. Таблицу В.11), которая содержит данные об основных городах Казахстана, о числе автобусов, которые следует заменить, о типах новых автобусов, об общей сумме инвестиционных расходов, включая затраты на строительство газозаправочных станций для КПГ, об уровне субсидирования и чистой стоимости для выгодополучателей. В данном модуле пользователи просто знакомятся с фактической информацией без принятия каких-либо решений по Программе.

Модуль расчета объема сокращения вредных выбросов

Модуль расчета сокращений вредных выбросов, расположенный в закладке «Эмиссия», показывает информацию о планируемом годовом сокращении вредных выбросов с разбивкой по видам загрязняющих веществ. Эта информация представлена в виде таблицы (образец приводится ниже), которая содержит данные об основных городах Казахстана, о числе автобусов, которые следует заменить, о типах новых автобусов, об уровне вредных выбросов от старых автобусов, об уровне вредных выбросов от новых автобусов, а также об объеме сокращения вредных выбросов. В данном модуле пользователи просто знакомятся с фактической информацией без принятия каких-либо решений по Программе *CPT.*

Таблица В.11. **Инвестиционные затраты, субсидии и прямые расходы бенефициаров**

			Автобусы подлежащие замене				Новые автобусы				Инвестиционные затраты					Дотация					Затраты нетто для бенефициара				
			возраст				Топливо																		
#	Область	Город	>15 лет	10-15 лет	5-10 лет	< 5 лет	дизель	КПГ	СНГ	Станция заправки СНГ	дизель	КПГ	СНГ	Станция заправки СНГ	Итого	дизель	КПГ	СНГ	Станция заправки СНГ	Итого	дизель	КПГ	СНГ	Станция заправки СНГ	Итого
1	Акмолинская	Кокчетав	55	72	0	0	0	0	127	0	0	0	4 077	0	4 077	0	0	1 955	0	1 955	0	0	2 122	0	2 122
2	Актюбинская	Актобе	6	69	0	0	0	75	0	0	0	2 649	0	0	2 649	0	1 279	0	0	1 279	0	1 369	0	0	1 369
3	Алматинская	Талдыкорган	0	9	0	0	0	0	9	0	0	0	289	0	289	0	0	139	0	139	0	0	150	0	150
4	Астана	Астана	117	110	0	0	0	0	227	0	0	0	7 288	0	7 288	0	0	3 495	0	3 495	0	0	3 793	0	3 793
5	Алматы	Алматы	163	205	0	0	0	368	0	0	0	12 996	0	0	12 996	0	6 276	0	0	6 276	0	6 720	0	0	6 720
6	Atyrau	Atyrau	0	35	0	0	0	35	0	0	0	1 236	0	0	1 236	0	597	0	0	597	0	639	0	0	639
7	Восточно-Казахстанская	Семей	48	34	0	0	0	0	82	0	0	0	2 633	0	2 633	0	0	1 262	0	1 262	0	0	1 370	0	1 370
8	Восточно-Казахстанская	Усть-Каменогорск	219	57	0	0	0	0	276	0	0	0	8 861	0	8 861	0	0	4 249	0	4 249	0	0	4 612	0	4 612
9	Жамбылская	Тараз	14	63	0	0	0	77	0	0	0	2 719	0	0	2 719	0	1 313	0	0	1 313	0	1 406	0	0	1 406
10	Западно-Казахстанская	Уральск	56	54	0	0	0	110	0	0	0	3 885	0	0	3 885	0	1 876	0	0	1 876	0	2 009	0	0	2 009
11	Карагандинская	Караганда	297	8	0	0	0	0	305	0	0	0	9 792	0	9 792	0	0	4 695	0	4 695	0	0	5 096	0	5 096
12	Карагандинская	Темиртау	10	8	0	0	0	0	18	0	0	0	578	0	578	0	0	277	0	277	0	0	301	0	301
13	Карагандинская	Джезказган	19	23	0	0	0	0	42	0	0	0	1 348	0	1 348	0	0	647	0	647	0	0	702	0	702
14	Костанайская	Костанай	413	0	0	0	0	0	413	0	0	0	13 259	0	13 259	0	0	6 358	0	6 358	0	0	6 901	0	6 901
15	Костанайская	Рудный	146	4	0	0	0	0	150	0	0	0	4 816	0	4 816	0	0	2 309	0	2 309	0	0	2 506	0	2 506
16	Кызылординская	Кызылорда	46	68	0	0	0	114	0	0	0	4 026	0	0	4 026	0	1 944	0	0	1 944	0	2 082	0	0	2 082
17	Павлодарская	Павлодар	78	8	0	0	0	0	86	0	0	0	2 761	0	2 761	0	0	1 324	0	1 324	0	0	1 437	0	1 437
18	Павлодарская	Экибастуз	24	4	0	0	0	0	28	0	0	0	899	0	899	0	0	431	0	431	0	0	468	0	468
19	Мангыстауская	Актау	0	0	0	0	0	0	0	0	0	0	0	0	0	0	0	0	0	0	0	0	0	0	0
20	Мангыстауская	Жанаозен	1	3	0	0	0	4	0	0	0	141	0	0	141	0	68	0	0	68	0	73	0	0	73
21	Северо-Казахстанская	Петропавловск	15	52	0	0	0	0	67	0	0	0	2 151	0	2 151	0	0	1 031	0	1 031	0	0	1 120	0	1 120
22	Южно-Казахстанская	Шымкент	61	109	0	0	0	170	0	0	0	6 003	0	0	6 003	0	2 899	0	0	2 899	0	3 104	0	0	3 104
23	Южно-Казахстанская	Туркестан	0	0	0	0	0	0	0	0	0	0	0	0	0	0	0	0	0	0	0	0	0	0	0
Итого			1 788	995	0	0	0	953	1 830	0	0	33 655	58 751	0	92 405	0	16 253	28 173	0	44 426	0	17 401	30 578	0	47 979

Источник: ОЭСР Программа *CPT*, модель *OPTIC*.

Таблица В.12. **Сокращение выбросов в связи с покупкой новых автобусов**

#	Область	Город	Автобусы подлежащие замене				Новые автобусы			Автобусы подлежащие замене					Новые автобусы					Годовое сокращение выбросов				
			возраст				Топливо			Выбросы					Выбросы									
			>15 лет	10-15 лет	5-10 лет	< 5 лет	дизель	КПГ	СНГ	CO_2 (т)	CO (кг)	NO_x (кг)	ТЧ 2,5 (кг)	SO_2 (кг)	CO_2 (т)	CO (кг)	NO_x (кг)	ТЧ 2,5 (кг)	SO_2 (кг)	CO_2 (т)	CO (кг)	NO_x (кг)	ТЧ 2,5 (кг)	SO_2 (кг)
1	Акмолинская	Кокчетав	55	72	0	0	0	0	127	15 775	25 428	111 509	2 293	2 136	8 598	16 093	41 910	42	547	7 177	9 335	69 599	2 251	1 590
2	Актюбинская	Актобе	6	69	0	0	0	75	0	9 051	14 590	63 982	1 316	1 226	4 628	1 188	12 375	25	0	4 423	13 402	51 607	1 291	1 226
3	Алматинская	Талдыкорган	0	9	0	0	0	0	9	1 079	1 739	7 627	157	146	609	1 140	2 970	3	39	470	599	4 657	154	107
4	Астана	Астана	117	110	0	0	0	0	227	28 382	45 751	200 631	4 125	3 844	15 368	28 765	74 910	75	977	13 014	16 986	125 721	4 050	2 867
5	Алматы	Алматы	163	205	0	0	0	368	0	45 746	73 740	323 369	6 649	6 195	22 709	5 829	60 720	121	0	23 036	67 911	262 649	6 527	6 195
6	Atyrau	Atyrau	0	35	0	0	0	35	0	4 196	6 764	29 660	610	568	2 160	554	5 775	12	0	2 036	6 209	23 885	598	568
7	Восточно-Казахстанская	Семей	48	34	0	0	0	0	82	10 310	16 619	72 880	1 498	1 396	5 552	10 391	27 060	27	353	4 758	6 228	45 820	1 471	1 043
8	Восточно-Казахстанская	Усть-Каменогорск	219	57	0	0	0	0	276	35 276	56 863	249 359	5 127	4 777	18 686	34 975	91 080	91	1 188	16 590	21 889	158 279	5 036	3 590
9	Жамбылская	Тараз	14	63	0	0	0	77	0	9 371	15 106	66 242	1 362	1 269	4 752	1 220	12 705	25	0	4 619	13 886	53 537	1 337	1 269
10	Западно-Казахстанская	Уральск	56	54	0	0	0	110	0	13 747	22 159	97 173	1 998	1 862	6 788	1 742	18 150	36	0	6 959	20 417	79 023	1 962	1 862
11	Карагандинская	Караганда	297	8	0	0	0	0	305	39 532	63 724	279 443	5 746	5 354	20 649	38 650	100 650	101	1 312	18 883	25 074	178 793	5 645	4 041
12	Карагандинская	Темиртау	10	8	0	0	0	0	18	2 258	3 640	15 960	328	306	1 219	2 281	5 940	6	77	1 039	1 359	10 020	322	228
13	Карагандинская	Джезказган	19	23	0	0	0	0	42	5 225	8 422	36 934	759	708	2 843	5 322	13 860	14	181	2 381	3 100	23 074	746	527
14	Костанайская	Костанай	413	0	0	0	0	0	413	53 638	86 462	379 159	7 796	7 264	27 961	52 335	136 290	136	1 777	25 677	34 127	242 869	7 659	5 487
15	Костанайская	Рудный	146	4	0	0	0	0	150	19 441	31 338	137 427	2 826	2 633	10 155	19 008	49 500	50	645	9 286	12 330	87 927	2 776	1 987
16	Кызылординская	Кызылорда	46	68	0	0	0	114	0	14 126	22 771	99 857	2 053	1 913	7 035	1 806	18 810	38	0	7 091	20 965	81 047	2 016	1 913
17	Павлодарская	Павлодар	78	8	0	0	0	0	86	11 089	17 875	78 388	1 612	1 502	5 822	10 898	28 380	28	370	5 267	6 978	50 008	1 583	1 132
18	Павлодарская	Экибастуз	24	4	0	0	0	0	28	3 597	5 797	25 423	523	487	1 896	3 548	9 240	9	120	1 701	2 249	16 183	513	367
19	Мангыстауская	Актау	0	0	0	0	0	0	0	0	0	0	0	0	0	0	0	0	0	0	0	0	0	0
20	Мангыстауская	Жанаозен	1	3	0	0	0	4	0	490	789	3 460	71	66	247	63	660	1	0	243	726	2 800	70	66
21	Северо-Казахстанская	Петропавловск	15	52	0	0	0	0	67	8 182	13 189	57 838	1 189	1 108	4 536	8 490	22 110	22	288	3 646	4 699	35 728	1 167	820
22	Южно-Казахстанская	Шымкент	61	109	0	0	0	170	0	20 990	33 835	148 373	3 051	2 843	10 491	2 693	28 050	56	0	10 499	31 142	120 323	2 995	2 843
23	Южно-Казахстанская	Туркестан	0	0	0	0	0	0	0	0	0	0	0	0	0	0	0	0	0	0	0	0	0	0
Итого			1 788	995	0	0	0	953	1 830	351 498	566 603	2 484 694	51 087	47 604	182 703	246 993	761 145	918	7 875	168 795	319 610	1 723 549	50 169	39 729

Источник: ОЭСР Программа *CPT*, модель *OPTIC*.

Модуль расчета стоимости программы и воздействия на окружающую среду

Модуль расчета стоимости программы и воздействия на окружающую среду находится в закладке «Решение» (как показано в Таблице В.13). Данный модуль играет ключевую роль в принятии решений по Программе. Он может быть использован для автоматического расчета стоимости Программы и введения ручных настроек.

Таблица В.13. **Корректировка расходов по программе и воздействия на окружающую среду**

Цели программы	Затраты			Эмиссия								
	Инвестиционные затраты	100 000	Пуск	CO_2 (т/г)	10 500	Пуск	NOx (кг/г)	150 000	Пуск	SO_2 (кг/г)	5 000	Пуск
	Бюджет программы	10 000	Пуск	CO (кг/г)	60 000	Пуск	PM2.5 (кг/г)	45 000	Пуск			

Источник: ОЭСР Программа *CPT*, модель *OPTIC*.

В верхней части экрана содержится информация о целях Программы. Пользователи могут выбрать одну из нижеследующих программных целей:

- инвестиционные затраты;
- бюджет субсидирования (сумма средств, выделенных на субсидии);
- сокращение объема выбросов CO_2;
- сокращение объема выбросов CO;
- сокращение объема выбросов NO_x;
- сокращение объема выбросов твердых частиц диаметром до 2,5 микрон (ТЧ 2,5);
- сокращение объема выбросов SO_2.

При нажатии кнопки «Пуск» (“Go”), расположенной справа от соответствующей цели, модель рассчитывает объем необходимых финансовых ресурсов для достижения данной цели Программы. При этом другие цели Программы не принимаются в расчет.

Алгоритм расчета стоимости программы следующий:

- Модель анализирует информацию о состоянии общественного транспорта по каждому городу в порядке, указанном в таблице из закладки «Транспорт». Анализ информации проходит четыре рабочих цикла, начиная с анализа данных о самых старых автобусах (>15 лет), и заканчивая последовательным анализом информации об автобусах со сроком эксплуатации >10 лет, >5 лет и 0-5 лет;
- Сначала модель определяет, обладает ли город достаточным потенциалом для внедрения автобусов, работающих на КПГ. Если получается ответ «да», модель предлагает заменить один старый автобус на один автобус, работающий на КПГ.
- Затем предыдущий шаг повторяется до тех пор, пока цель не будет достигнута, или пока все старые автобусы в рамках данного цикла не будут заменены на новые.
- Если город не обладает достаточным потенциалом для внедрения автобусов, работающих на КПГ, модель повторяет те же самые шаги, но уже применительно к автобусам с дизельными двигателями стандарта Евро-VI.

- Если город не обладает достаточным потенциалом для внедрения автобусов, работающих на КПГ, или дизельных автобусов стандарта Евро-6, модель повторяет те же самые шаги, но уже применительно к автобусам, работающим на СНГ.
- Также учитываются затраты на газозаправочные станции для КПГ. Если число замененных автобусов превышает 100, предполагается, что газозаправочная станция — это коммерческий проект, и в таком случае нет необходимости в выделении субсидии.

Таблица В.14. **Взаимосвязь между расходами по программе и воздействием на окружающую среду**

			Новые автобусы			Инвестиционные затраты	Дотация	Годовое сокращение выбросов				
			Топливо									
#	Область	Город	дизель	КПГ	СНГ	миллион ТНГ	миллион ТНГ	CO_2 (т)	CO (кг)	NO_x (кг)	ТЧ 2,5 (кг)	SO_2 (кг)
1	Акмолинская	Кокчетав	0	0	127	4 077	1 955	7 177	9 335	69 599	2 251	1 590
2	Актюбинская	Актобе	0	75	0	2 649	1 279	4 423	13 402	51 607	1 291	1 226
3	Алматинская	Талдыкорган	0	0	9	289	139	470	599	4 657	154	107
4	Астана	Астана	0	0	227	7 288	3 495	13 014	16 986	125 721	4 050	2 867
5	Алматы	Алматы	0	368	0	12 996	6 276	23 036	67 911	262 649	6 527	6 195
6	Atyrau	Atyrau	0	35	0	1 236	597	2 036	6 209	23 885	598	568
7	Восточно-Казахстанская	Семей	0	0	82	2 633	1 262	4 758	6 228	45 820	1 471	1 043
8	Восточно-Казахстанская	Усть-Каменогорск	0	0	276	8 861	4 249	16 590	21 889	158 279	5 036	3 590
9	Жамбылская	Тараз	0	77	0	2 719	1 313	4 619	13 886	53 537	1 337	1 269
10	Западно-Казахстанская	Уральск	0	110	0	3 885	1 876	6 959	20 417	79 023	1 962	1 862
11	Карагандинская	Караганда	0	0	305	9 792	4 695	18 883	25 074	178 793	5 645	4 041
12	Карагандинская	Темиртау	0	0	18	578	277	1 039	1 359	10 020	322	228
13	Карагандинская	Джезказган	0	0	42	1 348	647	2 381	3 100	23 074	746	527
14	Костанайская	Костанай	0	0	413	13 259	6 358	25 677	34 127	242 869	7 659	5 487
15	Костанайская	Рудный	0	0	150	4 816	2 309	9 286	12 330	87 927	2 776	1 987
16	Кызылординская	Кызылорда	0	114	0	4 026	1 944	7 091	20 965	81 047	2 016	1 913
17	Павлодарская	Павлодар	0	0	86	2 761	1 324	5 267	6 978	50 008	1 583	1 132
18	Павлодарская	Экибастуз	0	0	28	899	431	1 701	2 249	16 183	513	367
19	Мангыстауская	Актау	0	0	0	0	0	0	0	0	0	0
20	Мангыстауская	Жанаозен	0	4	0	141	68	243	726	2 800	70	66
21	Северо-Казахстанская	Петропавловск	0	0	67	2 151	1 031	3 646	4 699	35 728	1 167	820
22	Южно-Казахстанская	Шымкент	0	170	0	6 003	2 899	10 499	31 142	120 323	2 995	2 843
23	Южно-Казахстанская	Туркестан	0	0	0	0	0	0	0	0	0	0
Итого			0	953	1 830	92 405	44 426	168 795	319 610	1 723 549	50 169	39 729

Источник: ОЭСР Программа *CPT*, модель *OPTIC*.

Результаты расчета стоимости представлены в виде таблицы (см. Таблица В.14), которая содержит основные данные о числе новых автобусов, инвестиционных затратах, уровне субсидирования и объемах сокращения вредных выбросов за год. Если пользователь хочет ознакомиться с более детальной информации, ему следует воспользоваться закладками «Эмиссия» или «Затраты» (были описаны выше).

Пользователи могут внести изменения в разрабатываемые проекты, введя собственную информацию о числе новых автобусов. Затем расчеты производятся заново с учетом новых данных.

Расчет затрат по программе для Этапа 1 (пилотная фаза) и Этапа 2 (расширенного фаза)

В меню «Цели программы» (как показано в Таблице В.15) пользователи могут выбрать один из двух вариантов расчета стоимости: расчет стоимости пилотного этапа (два города) либо расчет стоимости первого и второго этапа. Пользователь также может выбрать нормативные или действительные значения коэффициентов выбросов, которые будут использоваться для проведения расчетов. Пользователь также определяет третий параметр — здесь он может выбрать один из следующих сценариев для второго этапа:

- Сценарий № 1: Замена самых старых автобусов на втором этапе (автобусы со сроком эксплуатации более 15 лет).
- Сценарий № 2: Замена автобусов со сроком эксплуатации более 10 лет и автобусов со сроком эксплуатации более 15 лет.

Таблица В.15. **Корректировка целей программы**

Фаза	1 & 2	Расчет эмиссии согласно:	нормы реальный	Сценарий	2	Пуск

Источник: ОЭСР Программа *CPT*, модель *OPTIC*.

При нажатии кнопки «Пуск» (“Go”), расположенной справа от выбранного сценария, модель рассчитывает стоимость Программы и объемы сокращения вредных выбросов. При этом другие цели Программы не принимаются в расчет.

Источники информации, использованные для сметных допущений

Текущая версия модели использует информацию из различных казахстанских и международных источников. В следующем разделе указаны источники информации, которые использовались для каждого из сметных допущений:

- **Данные о текущем состоянии городского общественного транспорта** (число автобусов, срок эксплуатации автобусов, типы используемого топлива) были предоставлены областными акиматами Республики Казахстан. Часть информации поступила из Комитета по статистике Министерства национальной экономики Республики Казахстан, а также из Министерства внутренних дел.
- Информация о **средних ценах на автобусы** была получена от компании ТОО «Daewoo Bus Казахстан». Также использовались данные по импорту автобусов, предоставленные Комитетом по статистике Министерства национальной экономики, Комитетом государственных доходов Министерства финансов

(статистика по внешнеэкономической деятельности) и имеющиеся данные, опубликованные Евразийской экономической комиссией (EEC, 2015).

- **Стоимость газозаправочной станции для КПГ** была предоставлена компанией ТОО «КазТрансГаз Онимдери».
- **Цены на топливо** были предоставлены Комитетом по статистике Министерства национальной экономики, компанией ТОО «КазТрансГаз Онимдери», а также Информационно-аналитическим центром нефти и газа Министерства энергетики.
- **Расход топлива** рассчитывался на основе анализа технической информации, предоставленной производителями автобусов и некоторыми операторами общественного транспорта, которые внедряют новые автобусы («Der Betrieb mit Flüssiggas als Alternative zum Dieselantrieb»,[2] «Стоимость и выгоды внедрения экологически чистых технологий в скоростном автобусном транспорте (Bus rapid transit — *BRT*), Сводка результатов проекта «Кампала — ЮНЕП» (ICCT, 2012); «Сравнительный анализ современных работающих на КПГ, дизельных и электро-гибридных дизельных междугородных автобусов: Эффективность и экологические характеристики» (MJB&A, 2013); «Сравнение автобусов на КПГ и дизельном топливе»;[3] «Инфраструктура для альтернативного топлива» (European Expert Group on Future Transport Fuels, 2011); и «Реальный взгляд на автомобили КПГ в США» (Nath et al., 2014).

Коэффициенты выбросов

Информация о коэффициентах выбросов взята из следующих источников:

- Раздел о выбросах отработанных газов, *EMEP/EEA Руководство по инвентаризации выбросов загрязняющих веществ в атмосферу в 2013 году. Техническое руководство по подготовке национальных кадастров выбросов* (EEA, 2013).
- Стандарты по выбросам Евро II-VI.
- Топливные стандарты Евро II-V (для SO_2).
- Пересмотренные руководящие принципы национальных инвентаризаций парниковых газов (1996 год) Межправительственной группы экспертов по изменению климата (МГЭИК, Intergovernmental Panel on Climate Change — *IPCC*), Том 3: Справочное руководство (IPCC, 1996).
- Инструментарий для определения коэффициентов выбросов (Emissions Factors Toolkit –*EFT*), опубликованный Министерством окружающей среды, продовольствия и сельского хозяйства Великобритании (Defra and the Devolved Administrations, 2017).

Различные стандарты по вредным выбросам представлены в Таблице В.16. Они практически основаны на европейских нормах выбросов для новых большегрузных дизельных и автобусных двигателей, обычно называемых Евро I-VI.

Аналогичным образом для расчета используются стандарты ЕС для дизельного топлива Евро-II-V (Таблица В.17).

Таблица В.16. **Стандарты ЕС по вредным выбросам для дизельных двигателей большегрузных автомобилей, г/кВт·ч**

Стандарт	Дата	Цикл тестирования	CO	HC	NO_x	ТЧ
Евро-1	1992, < 85 кВт	*ECE R*-49	4,5	1,1	8,0	0,612
	1992, > 85 кВт		4,5	1,1	8,0	0,36
Евро-2	Октябрь 1996 г.		4,0	1,1	7,0	0,25
	Октябрь 1998 г.		4,0	1,1	7,0	0,15
Евро-3	*Октябрь 1999 г., только для усовершенствованных экологически чистых авто*	Европейский стационарный цикл (European Stationary Cycle — *ESC*) и Европейская нагрузочная характеристика (European Load response — *ELR*)	*1,0*	*0,25*	*2,0*	*0,02*
	Октябрь 2000 г.	*ESC & ELR*	2,1	0,66	5,0	0,10-0,13
Евро-4	Октябрь 2005 г.		1,5	0,46	3,5	0,02
Евро-5	Октябрь 2008 г.		1,5	0,46	2,0	0,02
Евро-6	31 декабря 2013 г.		1,5	0,13	0,4	0,01

Источник: ЕС (2017).

Таблица В.17. **Стандарты топлива в ЕС**

Стандарт	Директива ЕС	Стандарт Европейского комитета по стандартизации	Дата вступления в силу	Ограничение по содержанию серы (*ppm*)
н/д	-	EN 590:1993 (d) EN 228:1993 (g)	Октябрь 1994 г.	2 000
Евро-2	93/12/*EEC*	-	Октябрь 1996 г.	500 (дизель)
Евро-3	93/12/*EEC*	EN 590:1999 (d) EN 228:1999 (g)	Январь 2000 г.	350 (дизель); 150 (бензин)
Евро-4	98/70/*EC*	EN 590:2004 (d) EN 228:2004 (g)	Январь 2005 г.	50
Евро-5	2003/17/*EC*	EN 590:2009	Январь 2009 г.	10

Источник: ЕС (2017).

С другой стороны, оценочные коэффициенты выбросов для ряда загрязняющих веществ, выделяемых Европейским большегрузным дизельным транспортом, приведены в пересмотренных в 1996 года МГЭИК-ом Руководящих принципах для национальных кадастров парниковых газов (IPCC, 1996), а также в документе *EMEP/EEA Руководство по инвентаризации выбросов загрязняющих веществ в атмосферу в 2013 году. Техническое руководство по подготовке национальных кадастров выбросов* (EEA, 2013).

Руководство *EMEP/EEA* так же используется в качестве источника для оценки коэффициента выбросов CO_2 для различных видов топлива, используемых при эксплуатации большегрузных транспортных средств (Таблица В.19).

Таблица В.18. **Оценочные коэффициенты выбросов для Европейских большегрузных дизельных автомобилей**

	NO_x	CH_4	Неметановые летучие органические соединения (НМЛОС)	CO	N_2O	CO_2
Всего г/км	10	0,06	1,9	9,0	0,03	770
г/кг топлива	42	0,2	8,0	36	0,1	3 140
г/мДж	1,0	0,006	0,2	0,9	0,003	74

Источник: IPCC (1996); EEA (2013).

Таблица В.19. **Коэффициент выбросов CO_2**

Тип топлива	Большегрузные транспортные средства
Дизель	3 180
КПГ	2 750
СНГ	3 017

Источник: EEA (2013).

Что касается значений расхода топлива, используемых в модели, то для сбора данных использовались несколько источников, а также собственные допущения авторов, особенно когда речь идет об объемах потребления СНГ (Таблица В.20).

Таблица В.20. **Предполагаемый уровень потребления топлива**

Тип топлива	г/км	кг/км	Источник
Дизель	240	0,24	EEA (2013)
КПГ	340	0,34	www.erdgasautos.at
СНГ	340	0,34	Собственное предположение

Источник: Подборка ОЭСР.

Предполагалось, что у старых и новых двигателей идентичные коэффициенты выбросов. Вместе с тем энергетическая эффективность выше и уровень расхода топлива нового двигателя на 10% ниже по сравнению с автобусами со сроком эксплуатации более 5 лет, на 15% ниже по сравнению с автобусами со сроком эксплуатации более 10 лет и на 25% ниже по сравнению с автобусами со сроком эксплуатации более 15 лет.

Конкретные коэффициенты выбросов, используемые в модели, приведены в Таблице В.2 в начале Приложения. Коэффициенты выбросов, представленные в Таблице В.2, однако, базируются на максимальных уровнях в соответствии с конкретными нормами. Фактические объемы выбросов могут отличаться от нормативных значений, в основном из-за того, что нормативные объемы выбросов получены в лабораторных условиях, а не в реальных условиях уличного движения. Это в первую очередь касается дизельных двигателей, при использовании которых уровень сокращения выбросов зависит от наличия соответствующего оборудования. В случае КПГ и СНГ проблема выбросов является менее выраженной, поскольку в данном случае сокращение объема выбросов обеспечивается в основном за счет использования более экологически чистых видов топлива.

2014 году МСЭП (Международный совет по экологически чистому транспорту, International Council on Clean Transportation — *ICCT*) опубликовал доклад о реальных объемах выбросов выхлопных газов в современных дизельных автомобилях. Реальные выбросы были измерены и представлены в отчете. Результаты анализа свидетельствуют о том, что реальные объемы выбросов CO_2 и NO_x превышают допустимые пределы в среднем на 40% и 70% соответственно (Franco et al., 2014).

Таким образом, данная модель предлагает также воспользоваться альтернативным набором коэффициентов выбросов, учитывающим то, что реальные объемы выбросов могут превышать нормативные показатели. В приведенной ниже Таблице В.21 представлены реальные показатели выбросов, используемые в данной модели.

Рисунок В.2. **Процент транспортных средств, результаты тестирования которых показали превышение ограничений стандарта Евро в условиях городского цикла**

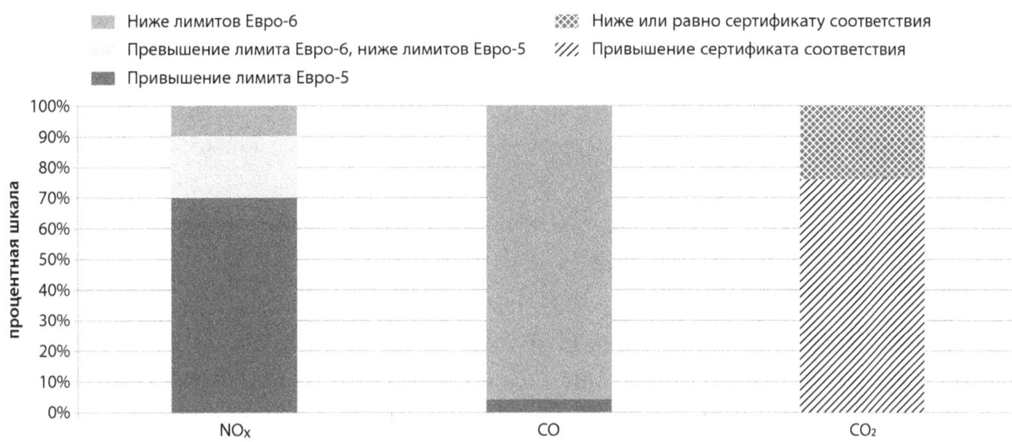

Источник: Franco et al. (2014).

Примечание: В «окне» представлены примеры.

Таблица В.21. **Предполагаемые коэффициенты выбросов, скорректированные с учетом реальных значений (на км пробега)**

Двигатели и типы топлива	CO_2 (кг/км)	CO (г/км)	NO_x (г/км)	ТЧ 2,5 (г/км)	SO_2 (г/км)
Дизель Евро-II	1,5137	2,4400	10,7000	0,2200	0,2050
Дизель Евро-II>5 лет	1,6650	2,6840	11,7700	0,2420	0,2255
Дизель Евро-II>10 лет	1,8164	2,9280	12,8400	0,2640	0,2460
Дизель Евро-II>15 лет	1,9678	3,1720	13,9100	0,2860	0,2665
Дизель Евро-VI	1,0685	0,2230	4,2387	0,0023	0,0205
КПГ (*EEV* стандарт)	0,9350	0,2400	2,5000	0,0050	0,0000
СНГ	1,0258	1,9200	5,0000	0,0050	0,0652

Источник: ОЭСР Программа *CPT*, модель *OPTIC*.

Пользователь может изменить как нормативные, так и реальные коэффициенты выбросов в соответствии с потребностями моделирования.

Примечания

1. Для целей данной модели подразумевается, что среднестатистический автобус выходит на маршрут 330 дней в году.
2. См. www.erdgasautos.at/ (ознакомление 20 Февраля 2017).
3. См. https://www.bus.man.eu/cng_optimizer/index.html (ознакомление 25 Февраля 2017).

Ссылки

Defra and the Devolved Administrations (2017), *The Emissions Factors Toolkit (EFT)*, UK Department of Environment, Food and Rural Affairs website: https://laqm.defra.gov.uk/review-and-assessment/tools/emissions-factors-toolkit.html (accessed 15 February 2017).

EC (2017), *Transport Emissions: Air Pollutant from Road Transport*, European Commission website: http://ec.europa.eu/environment/air/transport/road.htm (accessed 16 February 2017).

EEA (2013), *EMEP/EEA Air Pollution Emission Inventory Guidebook 2013. Technical Guidance to Prepare National Emission Inventories*, Technical Report No. 12/2013 (update September 2014), EMEP European Environment Agency, Copenhagen. https://www.eea.europa.eu/publications/emep-eea-guidebook-2013.

EEC (2015), *Eurasian Economic Integration: Facts and Figures,* Eurasian Economic Commission, Moscow. www.eurasiancommission.org/en/Documents/broshura26_ENGL_2014.pdf.

European Expert Group on Future Transport Fuels (2011), *Infrastructure for Alternative Fuels,* Report of the European Expert Group on Future Transport Fuels, Brussels. http://ec.europa.eu/transport/themes/urban/cts/doc/2011-12-2nd-future-transport-fuels-report.pdf.

Franco, V. et al. (2014), *Real-World Exhaust Emissions from Modern Diesel Cars. A Meta-Analysis of Pems Emissions Data from EU (Euro 6) and US (Tier 2 Bin 5/Ulev Ii) Diesel Passenger Cars*, International Council on Clean Transportation, Berlin. www.theicct.org/sites/default/files/publications/ICCT_PEMS-study_diesel-cars_20141010.pdf.

ICCT (2012), *Cost and Benefits of Clean Technologies for Bus Rapid Transit (BRT). Summary of Results for Kampala*, International Council on Clean Transportation, Kampala. https://www.unep.org/Transport/PCFV/PDF/icct_2012/icct_CitySummary_kampala.pdf.

IPCC (1996), *Revised 1996 IPCC Guidelines for National Greenhouse Gas Inventories*, Volume 3: The Reference Manual, Intergovernmental Panel on Climate Change, Mexico City. www.ipcc-nggip.iges.or.jp/public/gl/invs6.html.

MJB&A (2013), *Comparison of Modern CNG, Diesel and Diesel Hybrid-Electric Transit Buses: Efficiency and Environmental Performance*, M.J. Bradley and Associates, Concord, Massachusetts and Washington, DC. http://mjbradley.com/sites/default/files/CNG%20Diesel%20Hybrid%20Comparison%20FINAL%2005nov13.pdf.

Nath, R. et al. (2014), "A Realistic View of CNG Vehicles in the US", *BCG Perspectives.* https://www.bcgperspectives.com/content/articles/energy_environment_automotive_realistic_view_cng_vehicles_us/.

Приложение С

Образец формы проектной заявки

Замена автобусов

Наименование проекта					
Наименование выгодополучателя проекта					
Адрес					
Контактная информация					
Юридический статус					
Номер банковского счета, банк, филиал и адрес					
Место реализации проекта (город)					
Описание проекта					
Число автобусов, регулярно используемых для предоставления услуг городского транспорта (без учета междугородних автобусных маршрутов)					
Число городских автобусных маршрутов, обслуживаемых транспортной компанией (без учета междугородних автобусных маршрутов)					
План по замене автобусов	Автобусы, которые будут заменены		Новые автобусы		
	Срок службы более 15 лет	Срок службы 10-15 лет	КПГ	СНГ	Дизель
Число автобусов					
Расходы (тысяч тенге)	X	X			
Расходы на газозаправочные станции (КПГ), если это необходимо (тысяч тенге)	X	X			
Прочие инвестиционные затраты (станция техобслуживания и ремонта) (тысяч тенге)	X	X			
Общая сумма затрат (тысяч тенге)	X	X			
Планируют ли городские власти инвестировать средства в усовершенствование общественного транспорта? Каким образом? Опишите все предлагаемые меры по усовершенствованию общественного транспорта и приложите к данному описанию планы, подготовленные городскими властями.					
Длина предлагаемых новых автобусов равна или превышает 10 м? (да/нет)					
Если в качестве замены предлагаются автобусы, работающие на КПГ: Есть ли в городе газозаправочная станция для заправки КПГ?					
Если в городе нет газозаправочной станции для заправки КПГ: поставляется ли в город природный газ (что дает возможность строительства такой газозаправочной станции)?					
Если предлагаются современные дизельные автобусы: Есть ли в данном городе экологически чистое (импортированное) дизельное топливо? (да/нет)					

Приложение D

Образец бланка соответствия критериям приемлемости

Замена автобусов

Критерии	Да/нет
Критерии, касающиеся места реализации проекта	
Предлагаемое место реализации проекта находится в городском центре, который входит в перечень приемлемых затрат?	
Критерии, касающиеся типов приемлемых проектов	
Предлагаемый тип проекта входит в перечень приемлемых проектов?	
Все предложенные затраты на осуществление проекта входят в перечень приемлемых затрат?	
Число старых автобусов (со сроком службы 10-15 лет и более 15 лет) идентично числу новых автобусов?	
Если инвестиция касается газозаправочной станции (КПГ), будет ли сопровождаться данный проект заменой старых автобусов на новые, работающие на КПГ?	
Критерии, касающиеся типов приемлемых выгодополучателей	
Входит ли предложенный тип выгодополучателя в перечень приемлемых выгодополучателей?	
Прочие критерии приемлемости	
Предусматривают ли городские власти дополнительные инвестиции в усовершенствование системы городского общественного транспорта?	
Итог: «да», если на все вопросы был дан ответ «да», «нет», если хотя бы на один вопрос был дан ответ «нет»	

Приложение Е

Образец бланка оценки проекта

Экологическая эффективность: удельные затраты на снижение выбросов твердых частиц диаметром до 2,5 микрон (ТЧ 2,5); удельные затраты на снижение рассчитываются как разница между выбросами ТЧ 2,5 от старых и новых дизельных автобусов. В данном расчете следует использовать действительные значения показателей выбросов из модели. Наилучший проект получает 10 баллов, наихудший — 0 баллов; остальные проекты получают баллы пропорционально занимаемому месту.

	Критерии	Весовой коэффициент	Макс. кол-во баллов	Баллы
A	**Степень готовности проекта**	**0,1**		
1	Разработанный бизнес-план по реализации проекта в городе		0-1	
B	**Место реализации проекта**	**0,2**		
1	Автобусы, которые предлагается заменить, используются в городах с загрязненным воздухом		5	
2	Автобусы, которые предлагается заменить, используются исключительно в центре города, соответствующего критериям приемлемости		5	
3	Автобусы, которые предлагается заменить, используются и в центре, и на окраинах города (в пригородах), соответствующего критериям приемлемости		3	
4	Автобусы, которые предлагается заменить, используются для транспортного сообщения между городом и сельской местностью, расположенной за чертой города, соответствующего критериям приемлемости		0	
C	**Тип проекта**	**0,2**		
1	Автобусы, работающие на КПГ		10	
2	Автобусы, работающие на СНГ		5	
3	Современные дизельные автобусы		1	
D	**Объем проекта**	**0,2**		
1	Планируется заменить более 200 автобусов		10	
2	Планируется заменить от 100 до 200 автобусов		5	
3	Планируется заменить меньше 100 автобусов		1	
E	**Предлагаемая система усовершенствований городского общественного транспорта:**	**0,1**		
1	Протяженность выделенных полос для движения новых автобусов (0 баллов — < 2км, 1 балл — до 2 км, 2 балла — > 2км)		2	
2	Число светофоров, обеспечивающих приоритет общественного транспорта (0 баллов — < 2, 1 балл — до 4, 2 балла > 5)		2	
3	Число автобусных остановок, оснащенных информационным табло с онлайн-информацией для пассажиров (0 баллов — < 2, 1 балл — до 4, 2 балла > 5)		2	
4	Число новых автобусных остановок (0 баллов — < 2, 1 балл — до 4, 2 балла > 5)		2	
5	Прочие меры по усовершенствованию (эксперты выставляют баллы по своему усмотрению)		2	

	Критерии	Весовой коэффициент	Макс. кол-во баллов	Баллы
F	**Экологическая эффективность**	**0,2**		
1	Удельная эффективность	(F2-F3)/F4		
2	Расчетный годовой объем выбросов твердых частиц диаметром до 2,5 микрон от старых автобусов [ТЧ 2,5, кг]			
3	Расчетный годовой объем выбросов твердых частиц диаметром до 2,5 микрон от новых автобусов [ТЧ 2,5, кг]			
4	Стоимость реализации проекта			
5	Порядок начисления баллов за экологическую эффективность — наилучший проект с удельной эффективностью U_{best} получает 10 баллов, наихудший проект с удельной эффективностью U_{worst} получает 0 баллов, остальные проекты с удельной эффективностью U получают $10*(U-U_{worst})/(U_{best}-U_{worst})$ баллов		10	
G	**Итоговая сумма: (весовые коэффициенты x выставленные баллы)**			

ОРГАНИЗАЦИЯ ЭКОНОМИЧЕСКОГО СОТРУДНИЧЕСТВА И РАЗВИТИЯ

ОЭСР представляет собой уникальный форум, в рамках которого правительства совместно работают над решением экономических, социальных и экологических проблем, возникающих в условиях глобализации. ОЭСР также находится на переднем плане усилий, направленных на обеспечение понимания новых тенденций и оказание помощи правительствам в решении связанных с этим задач, таких как корпоративное управление, информационная экономика и проблемы стареющего населения. Организация предоставляет площадку, где правительства могут обмениваться своим опытом в области экономической политики, вести поиск решения схожих проблем, узнавать о положительном опыте других стран и координировать свою национальную и внешнюю политику.

К числу членов ОЭСР относятся Австралия, Австрия, Бельгия, Великобритания, Венгрия, Германия, Греция, Дания, Израиль, Ирландия, Исландия, Испания, Италия, Канада, Корея, Ла́твия, Люксембург, Мексика, Нидерланды, Новая Зеландия, Норвегия, Польша, Португалия, Словацкая Республика, Словения, Соединенные Штаты Америки, Турция, Финляндия, Франция, Чешская Республика, Чили, Швейцария, Швеция, Эстония и Япония. В работе ОЭСР также принимает участие Европейский Союз.

Издательство ОЭСР распространяет среди широкого круга пользователей статистическую информацию, собранную Организацией, и результаты исследований на экономические, социальные и экологические темы, а также конвенции, руководства и стандарты, принятые странами-членами.

OECD PUBLISHING, 2, rue André-Pascal, 75775 PARIS CEDEX 16
(97 2017 43 8 P) ISBN 978-92-64-30456-7 – 2018

www.ingramcontent.com/pod-product-compliance
Lightning Source LLC
LaVergne TN
LVHW080655011026
849160LV00014B/1430
* 9 7 8 9 2 6 4 3 0 4 5 6 7 *